墨香财经学术文库

U0656617

共同富裕视阈下我国 教育代际流动性研究

A Study on Intergenerational Mobility of Education in China from the Perspective of Common Prosperity

郭曼曼 著

东北财经大学出版社
Dongbei University of Finance & Economics Press
大连

图书在版编目（CIP）数据

共同富裕视阈下我国教育代际流动性研究 / 郭曼曼著．—大连：东北财经大学出版社，2025.1．—（墨香财经学术文库）．—ISBN 978-7-5654-5539-1

Ⅰ.G52

中国国家版本馆CIP数据核字第2024U42M89号

东北财经大学出版社出版发行

　大连市黑石礁尖山街217号　邮政编码　116025

　网　　　址：http://www.dufep.cn

　读者信箱：dufep@dufe.edu.cn

大连永盛印业有限公司印刷

幅面尺寸：170mm×240mm　字数：168千字　印张：14　插页：1
2025年1月第1版　　　　　　　　2025年1月第1次印刷
责任编辑：时　博　王芃南　孔利利　　责任校对：一　心
　　　　　刘慧美　石建华　吴　茜
　　　　　吉　扬　吴　奂　孙晓梅
封面设计：原　皓　　　　　　　　版式设计：原　皓
定价：72.00元

教学支持　售后服务　　联系电话：(0411) 84710309
版权所有　侵权必究　　举报电话：(0411) 84710523
如有印装质量问题，请联系营销部：(0411) 84710711

　　本书系"2024 年度辽宁省教育厅高校基本科研项目（项目批准号：LJ112410173023）"的研究成果，获得"辽宁省教育厅基本科研业务费资助"出版

前言

百年大计，教育为本。党的二十届三中全会指出，教育、科技、人才是中国式现代化的基础性、战略性支撑。教育作为人力资本积累的主要途径，对共同富裕、经济社会的发展和中华民族的伟大复兴都有非常重要的决定作用。党的十八大以来，以习近平同志为核心的党中央把教育事业放在优先位置，大力发展教育，深化教育改革，采取各种措施促进教育公平，如农村义务教育学生营养改善计划、农村义务教育薄弱学校改造计划、将家庭经济困难的普通高中学生纳入政府助学计划、设立中央财政专项资金支持地方高校的发展等，这些措施已经在很大程度上改善了教育的不公平程度，不仅缩小了城乡和地区之间教育投入的差距，也在一定程度上阻隔了教育贫困的代际传递。教育代际传递反映了父代受教育水平对子代受教育水平的影响程度。如果教育代际传递性较强，那么对受教育水平低的父代，其子代的受教育水平也会比较低，这就导致教育贫困在代际之间传递，父代的教育不公通过代际传递在子代形成了更大的不公平，因此可以说教育代际传递是教育公平的一个重要衡量指标。近年来，越来越多的学者对代际传递展开了研究。

经济学上也常常用代际流动来指代代际传递性的强弱。代际流动水平越低则代际传递性越强，反之则越弱。地区教育代际流动水平是反映一个地区教育机会公平程度的重要因素，会对地区内部经济社会指标及个人行为选择产生重要影响，同时也会对地区的和谐稳定以及居民主观态度和感受产生重要影响，以往诸多学者主要关注中国整体的代际流动水平，碍于数据和测度方法限制，目前还鲜有学者关注地区之间尤其是城市之间教育代际流动性差异问题。事实上，由于我国区域众多、经济发展程度及当地文化习俗存在较大差异，加之各地教育政策存在不同，因此地区间尤其是城市间教育代际流动水平存在很大不同。如何科学测度各地区教育代际流动水平的大小，呈现不同地区教育代际流动性的特征事实，在此基础上考察教育代际流动对贫富差距和居民主观感受产生的影响，进一步从公共教育支出的角度探寻提高教育代际流动水平的可能路径并提出相应的政策建议，具有较强的理论价值和现实意义。

基于上述背景，本书以马克思主义共同富裕思想为指导，以马克思主义教育公平理论为基础，以西方教育代际传递模型为借鉴，主要开展了以下几个方面的工作：一是对相关理论进行分析并推导收入和教育代际传递的理论模型，为本书开展各项实证工作奠定了理论基础；二是对代际流动的各种测算方法进行了比较，在克服数据限制的基础上采用测量偏误更小的代际次序相关性方法，测算了不同地区和城市的教育代际流动性水平，呈现了不同地区和城市之间教育代际流动性的差异；三是实证探究了教育代际流动性的高低产生的微观影响，本书主要从贫富差距、居民主观幸福感和社会信任水平三个维度考察了教育代际流动性对共同富裕产生的微观影响，为本书研究问题的重要性提供了微观证据；四是分析了公共教育支出对教育代际流动性的影响，并进一步指出了我国公共教育支出存在的问题，以期提出更具针对性的提高教育代际流动性和缩小教育代际流动性差距的政策建议。

具体而言，本书一共分为6章，各章主要内容如下：

第1章是绪论。这一部分阐述了本书的选题背景和研究的理论价值及实践意义，对本书的核心概念进行了解释，重点梳理了与本书研究主题较为接近的文献，包括教育的产品属性、代际流动性的测算、代际流动性的外在影响以及公共教育支出对代际流动性的影响等。其中，代际流动性测算包括代际收入流动性的测算和教育代际流动性的测算；代际流动性的外在影响主要包括对居民贫富差距、居民主观幸福感以及居民社会信任的影响；公共教育支出对代际流动性的影响主要包括支出的规模和支出的结构两个方面带来的影响。通过对文献进行梳理发现，以往研究更多关注国家整体层面代际收入弹性的测算及其影响，少有文献对我国各地区教育代际弹性进行科学测度并对其进行系统分析，这为本书的研究提供了思路。另外，第1章还对本书研究的主要内容和全书的章节安排进行了介绍，总结了本书采用的研究方法，最后指出了本书的创新点和不足之处。

第2章是教育代际流动性的理论基础。本章分为两个部分，第一部分对相关的理论进行了阐述，本书涉及的理论包括人力资本理论、市场失灵理论、代际传递理论、社会分层理论、社会流动理论以及著名的盖茨比曲线。第二部分推导了收入代际传递的理论模型，并将其拓展到教育层面的代际传递，分析了不存在公共教育支出和存在公共教育支出两种情况下父代与子代之间受教育水平的关系。

第3章至第5章是本书的核心章节。第3章对我国各地区教育代际流动性进行了科学的测度并呈现了各地区教育代际流动性差异的特征事实，这部分首先利用中国家庭追踪调查（CFPS）2010 年数据库和中国家庭收入调查数据（CHIP）2002 年数据库比较了代际流动性的测算方法——代际次序相关性方法（回归方程是 rank-rank 形式）相对于以往的测算方法（回归方程是 log-log 形式）具有绝对优势，并借鉴 Chetty 等（2014）构建地区层面绝对代际流动性指标测度方法，利用中国家庭追踪调查（CFPS）2010 年、2012 年、2014 年和 2016 年数据库中父代与子代的受教育水平测算了我国各区域和各阶层绝对教育代际流动水平。测算结果显示，我国各区域和各阶层之间教育代际流动性差异非常大，分阶层看，我国中低阶层普遍有着向上的流动性，中高阶层却普遍面临着向下的流动性；分地区看，有些地区总体流动性比较强，有些地区则比较固化，以 25 百分位阶层为例，省份层面 25 百分位阶层绝对流动水平最高值为 17.08，最低值仅为 11.29，二者相差约 6 个百分位，而具体到城市层面，绝对代际流动水平的差异更大，25 百分位绝对代际流动水平的最低值是 8.75，最高值为 19.27，两者相差约 11 个百分位。

第 4 章的主要内容是探究教育代际流动性对共同富裕的微观影响。本书认为当城市教育代际流动性发生变化时，居民的收入差距也会发生变化，这种变化会被当地居民所感知，并对居民的主观感受产生影响。本章选取贫富差距、居民主观幸福感和居民的社会信任水平三个维度来考察教育代际流动性的变化所带来的微观影响。贫富差距是衡量经济发展和社会和谐稳定的重要指标，用来衡量人民在物质生活层面的共同富裕程度；居民主观幸福感是居民对自身感受的主观评价；居民的社会信任水平则是居民对他人和社会的一种主观评价，后两个指标用来衡量人民群众在精神生活层面的共同富裕程度。这三个维度涵盖了居民整体福利的变化，因而具有很强的代表性。本书将城市层面底层 25 百分位阶层的绝对教育代际流动水平与城市层面的宏观数据库和个人微观数据库相匹配并对其进行实证分析，实证结果显示，教育代际流动性的提高能够有效缩小贫富差距，而当教育代际流动性下降时，居民的主观幸福感和对他人的信任水平也会显著降低，这也进一步从微观层面证明了本书所研究的问题的重要性，提高教育代际流动性能够缩小贫富差距、提高居民的幸福感和社会信任水平，进而为化解社会发展难题提供可能路径。

第5章着重从公共教育支出的角度探寻影响教育代际流动性的重要因素。通过实证研究发现，在诸多可度量的宏观因素中，公共教育支出对教育代际流动性的影响是最为显著的，理论分析表明公共教育支出的规模和结构都会对教育代际流动性产生影响，而现阶段我国公共教育支出仍然存在很多问题，公共教育支出的规模还有待提高，尤其是公共教育支出占GDP的比重。与发达国家相比，我国公共教育支出占GDP的比重明显偏低，我国公共教育支出的结构还存在不合理的地方，主要表现在城市和农村之间、不同地区之间以及不同教育阶段之间存在不合理之处，另外，我国教育财政事权和支出责任也不够协调，对上述问题的梳理为进一步改善教育代际流动性指明了方向。

第6章是研究结论和优化路径。这一章首先对本书的研究结论做了总结，接着针对本书的研究结论提出了提高教育代际流动性、缩小教育代际流动性差异、缩小贫富差距、增强居民主观幸福感和提升社会信任水平的政策建议。

本书的研究是在以往研究的基础上展开的，相比于前人的研究，本书研究的创新点主要体现在以下几个方面：

第一，本书将对教育代际流动性的研究聚焦于城市层面，不同于以往文献更多关注区域间和城乡间的教育代际流动性，在研究视角上具有一定的创新性。教育代际流动性提高的本质是实现人与人之间教育机会的公平，从地区和城乡层面研究教育代际流动性的提高，研究的维度过大，不够聚焦，事实上，实现城市内部人与人之间教育机会的公平更为重要。本书通过对不同城市教育代际流动性的测度，呈现出城市层面社会成员之间教育机会公平的差异程度，有助于我们更为全面地认识教育代际流动性差异的事实并提出更具可操作性的改善教育代际流动性差异的政策建议。

第二，采用代际次序相关性指标测算了各城市的教育代际流动性，并分析了我国各城市代际流动性的变化趋势，是准确测算城市教育代际流动性的一种有益尝试。以往文献大都将子代的受教育水平或者受教育年限对父代的受教育水平或者受教育年限进行回归，回归出来的系数即为父代和子代之间受教育水平的关系或者说是子代受教育水平在多大程度上受父代受教育水平的影响，但是这种方法并不精确，因为父代受教育水平和子代受教育水平之间并不服从线性关系，而满足线性关系是普通最小二乘（OLS）回归非常重要的前提，相比这种方法，代际次序相关性不仅满足线性关系，而且在样本和变量定义发生变化的前提下，测算结果并未发生较大的变化，具有很强的稳健性。

第三，将受教育水平位于底层25百分位的群体作为主要的研究对象，更加强调了底层群体在教育代际流动性的提高中所产生的获得感和幸福感，具有一定的创新性。本书按照受教育水平将个体分为底层25百分位、中低层50百分位、中高层75百分位以及高层等四个阶层，并探讨了各阶层代际流动的水平和趋势。以往大部分文献都是按照受教育水平的高低将个人分为高学历和低学历，但是这种高和低只是相对而言，范围较大，无法单独关注最底层的那部分群体，本书改进了这种分类方法，不仅给出了各阶层的代际流动水平，而且还针对底层25百分位的群体单独进行了分析。

第四，丰富了代际流动性微观效应的研究。本书将城市层面的宏观数据库和微观数据库相匹配，研究了代际流动对居民主观幸福感和社会信任水平的影响。已有文献对代际流动和居民主观幸福感进行了研究，但研究的维度较为宽泛，本书从城市层面研究代际流动和居民主观幸福感的关系，深化了对幸福感的研究。另外，现有的许多文献从不同角度探讨了如何提高我国居民对陌生人的信任程度，这些角度包括户籍、高等教育、义务教育、方言以及社会分割等，但鲜有文献从代际流动并且是城市层面的代际流动的角度对其进行研究。本书不仅拓宽了居民主观幸福感和社会信任水平的研究视角，同时也通过居民主观幸福感和社会信任水平证明了教育代际流动性的重要性。

需要说明的是，第一，本书探究的教育指的是学校教育。1999年1月，国务院在转批教育部《面向21世纪教育振兴行动计划》中提出，到2010年基本建立起终身学习体系，终身教育作为一项规定和任务，已分别写入《中华人民共和国教育法》和《中国教育改革和发展纲要》，并在《面向21世纪教育振兴行动计划》中作为一项行动目标提出来。可以看出，对个体而言，广泛意义上的教育是包括家庭教育、学校教育和社会教育在内的有机体——终身教育。本书所研究的教育不是广泛意义上的教育，而是终身教育的一个重要组成部分——学校教育。

第二，本书在实证研究中所用到的微观数据是将中国家庭追踪调查（CFPS）2010年、2012年、2014年和2016年的数据整合到一起进行清理之后得到的最终数据。中国家庭追踪调查数据现已更新到2018年，但是本书并没有用到2018年的数据，是因为2018年的数据对结果没有任何影响，本书所用到的教育代际流动性指标是用已经完成学校教育的居民的受教育年限数据来构建的，晚两年并不会影响居民的受教育年限。

作　者

2024 年 10 月

目录

1 **绪论** / 1

    1.1 选题背景和研究意义／3

    1.2 核心概念的解释／10

    1.3 国内外研究进展与研究述评／15

    1.4 研究内容与章节安排／43

    1.5 研究方法／46

    1.6 创新与不足／49

2 **教育代际流动性的理论基础** / 52

    2.1 相关理论分析／53

    2.2 相关理论模型／78

    2.3 本章小结／85

3 **教育代际流动性的实证测度** / 87

    3.1 代际流动性测度方法的比较／88

    3.2 教育代际流动性指标的构建／101

3.3 我国各地区各阶层代际流动性变化趋势／105

3.4 本章小结／110

4 教育代际流动性对共同富裕的微观影响 ／112

4.1 教育代际流动性对贫富差距的影响／114

4.2 教育代际流动性对居民主观幸福感的影响／118

4.3 教育代际流动性对居民社会信任的影响／129

4.4 本章小结／146

5 公共教育支出对教育代际流动性的影响及问题分析 ／148

5.1 公共教育支出对教育代际流动性的影响／149

5.2 我国公共教育支出存在的问题／158

5.3 本章小结／177

6 研究结论与优化路径 ／178

6.1 研究结论／179

6.2 优化路径／183

6.3 研究局限与未来研究展望／192

参考文献 ／193

索引 ／212

1

绪论

关于教育，习近平总书记指出："教育决定着人类的今天，也决定着人类的未来"，"治贫先治愚，扶贫先扶智。教育是阻断贫困代际传递的治本之策"，"教育是提高人民综合素质、促进人的全面发展的重要途径，是民族振兴、社会进步的重要基石，是对中华民族伟大复兴具有决定性意义的事业"。教育的重要性不言而喻。对于一个国家来说，教育兴则国家兴，教育强则国家强，第二个百年奋斗目标的实现、由人口大国向人才强国和教育强国的转变、德智体美劳全面发展的社会主义建设者和接班人的培养等都离不开我国教育事业的充分发展。对微观个体而言，教育不仅是其基本素质和文明程度的体现，也为其带来了物质财富的增长和经济地位的提升。

教育公平具有起点公平的意义，是社会公平的重要基础，它可以使人们通过自身努力，提升参与平等竞争的能力，这有助于促进社会纵向流动。教育代际流动性反映了教育机会公平的程度，是教育公平的重要衡量指标，只有所有人都享受到公平的教育机会，每个人才能享有均等的向上流动的机会，才能避免社会阶层固化，真正有能力的人才能站在合适的位置上实现自身价值，为社会作出贡献。从中不难看出，教育代际流动性的提高意味着每个人都享有更为公平的教育机会，其主体是每一位社会成员，但以往文献更多关注中国整体层面的教育代际流动性水平以及地区间和城乡间的代际流动性差异。事实上，中国城市间也存在教育代际流动性差异，这种差异来源于不同居民人力资本积累能力和对教育资源的偏好差异，以及地方政府提供教育产品与服务的差异。在地区间和城乡间教育代际流动性差异逐渐缩小的同时，关注城市之间教育代际流动性差异显然成为一个非常重要的现实问题。

本书致力于考察中国城市间教育代际流动性差异及其影响和优化路径，为此，本书主要做了三个方面的工作：一是比较了测度代际流动性的各种方法，在此基础上采取更为稳健和精准的方法测度了我国区域和城市层面的教育代际流动性水平，呈现了我国地区间和城市间教育代际流动性差异的特征事实；二是实证研究了教育代际流动性对贫富差距、居民主观幸福感（SWB）和社会信任水平的影响，从共同富裕的视角探讨教育代际流动性的必要性和重要性；三是从公共教育支出的角度探究了影响教育代际流动性的因素，进一步指出了当前我国公共教育支出存在的问题，为后续提出提高教育代际流动性的政策建议提供依据。

1.1 选题背景和研究意义

1.1.1 选题背景

选择教育代际流动性作为本书研究的主题主要基于政策、理论和实践三个方面的考虑。从政策层面看，教育公平作为社会公平的重要基础，对实现第二个百年奋斗目标起着重要的决定作用，而教育代际流动性是教育公平的重要衡量指标。近年来，无论是国家层面还是地方层面，对教育公平都给予了高度的重视，出台了一系列的政策促进教育公平，凸显了教育公平的重要性。从理论层面看，关于代际流动性的研究已经相当丰富，但是已有研究更侧重于国家层面和城乡层面，研究的视阈相对宽泛，这为本书从城市层面系统研究教育代际流动性留下了空间。从实践层面看，愈演愈烈的"穷二代""富二代""学二代"现象已经导致了人民对社会阶层的固化和贫富差距的持续扩大的担忧，甚至有人断言："寒门再难出贵子""读书无用"，依靠孩子自身来改变命运的概率已经非常小。在此背景下，通过对教育代际流动性问题进行深入研究以回应和解答这些困惑与质疑具有非常重要的现实意义。

1）选题的政策背景

教育兴则国家兴，教育强则国家强，教育是立国之本和强国之基。建设教育强国是社会主义现代化强国建设的内在要求，是高水平科技自立自强的重要支撑，是全体人民共同富裕和人的自由而全面发展的必由之路，更是以中国式现代化全面推进中华民族伟大复兴的基础工程。教育公平则是建设教育强国的重要基石，同时也是社会公平的重要基础。习近平总书记强调，"教育公平是社会公平的重要基础，要不断促进教育发展成果更多更公平惠及全体人民，以教育公平促进社会公平正义"。近年来，特别是20世纪90年代以来，义务教育全面普及、农村义务教育薄弱学校改造计划、农村义务教育经费保障机制、义务教育"两免一补"政策、农村义务教育学生营养改善计划、国家财政性教育经费支出占国内生产总值的比例要达到4%以及将家庭经济困难的普通高中学生纳入政府助学计划、高等教育扩张、设立中央财政专项资金支持地方高校的发展、构建优质均衡的基本公共教育服务体系等一系列促进教育公平的教育政策和财政保障政策相继颁布，从这一系列保障教育公平的教育政策和财政政策的颁布中可以发现，教育公平已经成为我国发展教育的基本理念和价值参照。

为了进一步促进教育公平，党的十八大以来尤其是近些年来，我国颁布了一系列政策文件。2019年中共中央、国务院印发的《中国教育现代化2035》指出，要促进教育公平，优化教育结构，为决胜全面建成小康社会、实现新时代中国特色社会主义发展的奋斗目标提供有力支撑。2023年中共中央办公厅、国务院办公厅印发的《关于构建优质均衡的基本公共教育服务体系的意见》进一步明确了推进教育公平的目标导向：到2027年，优质均衡的基本公共教育服务体系初步建立，供给总量进一步扩大，供给结构进一步优化，均等化水平明显提高；到 2035 年，义务教育学校办学条件、师资队伍、经费投入、治理体系适应教育强国需要，市（地、州、盟）域义务教育均衡发展水平显著提升，绝大多数县（市、区、旗）域义务教育实现优质均衡，适龄学生享有公平优质的基本公共教育服务，总体水平步入世界前列。基于上述政策背景，本书致力于从教育代际流动性的角度研究教育公平，探究城市间教育机会公平差异，并为缩小这种差异提供优化路径和政策建议，具有重要的战略意义和政策参考价值。

2）选题的理论背景

自 1979 年 Becker 和 Tomes 将代际流动的概念引入经济学，学界对代际流动性的探讨就从未停止，诸多学者从代际流动性的测度、代际流动性的传导机制、影响因素和优化路径等角度进行了较为详细和深入的研究，但是随着教育公平政策的不断推进和我国教育代际流动性的不断改善，关于代际流动性的许多理论问题仍然值得关注，尤其是城市层面教育代际流动性的实证测度、微观影响与路径机制等。在教育公平逐渐改善以及城乡之间教育公平差异逐渐缩小的背景下，如果继续将教育代际流动性的研究视角聚焦于国家层面和城乡层面，那么进一步提高教育代际流动性就会变得事倍功半，只有将教育代际流动性的研究视角更加聚焦，探讨更小地理区域间教育代际流动性的差异，才能为进一步改善教育公平提供更具可操作性的建议。

在上述理论背景下，本书将教育代际流动性的研究视角聚焦于城市层面，系统研究了城市层面教育代际流动性的测度、微观影响以及相应的优化路径，具有重要的理论价值。

3）选题的实践背景

"努力让每个孩子都能享有公平而有质量的教育"，这是党的十九大报告作出的庄严承诺。教育公平是社会公平的重要基础，也是机会公平的重要体现。詹姆斯·布莱恩特·科南特在 20 世纪五六十年代提出教育的机会公平分为三个方面，一是起点公平，这主要是指就学机会和求学条件公平；二是过程公平，这包括教学内容以及师生互动方面的公平；三是结果公平，结果公平指学业成就、所获的最终学历以及教育对以后生活的影响方面的公平（吴康宁，1998）。这一类的教育公平统称为代内公平，随着研究的深入与拓展，教育代际公平逐渐引起学者们的关注，教育代际流动性是教育代际公平的重要衡量指标，教育代际流动性是指子代教育成就相对于父代的可改变程度，教育代际流动水平是度量地区教育代际公平程度的重要指标，其反映了父代教育水平对子代教育水平的影响程度，如果子代教育水平更多受到父代教育水平的影响，则表明该地区的教育代际流动性较低，反之则说明该地区教育代际流动性较高。

中国特色社会主义进入新时代，我国社会的主要矛盾已经转变为人民日益增长的美好生活需要和不平衡不充分的发展之间的矛盾，这种不平衡不充分的发展在教育方面表现得尤为突出。近年来，我国教育事业取得了历史性成就，居民的人均受教育水平不断提升，各教育阶段的教育机会得到了较为快速的改善，教育不均衡的局面也有所改善，数据显示，目前我国小学学龄儿童入学率达到99.9%，小学升初中的升学率也接近99%，而高中升学率翻了一番，从90年代的40.6%上升到了94%，高中升大学的比率更是有了飞速的提高，90年代这一数据还只有27%，到了2016年，这一数据已经达到95%左右。[①]但与此同时，随着经济发展水平的提高、居民收入差距的扩大，父代的受教育水平和家庭背景在子代取得的教育成就中所起的作用越来越重要，其导致的后果是，教育机会不公平的问题越发凸显。近年来，中国高校农村生源减少，"学二代""寒门再难出贵子"等社会议论频频

---

① 中华人民共和国教育部发展规划司. 中国教育统计年鉴2016 [M]. 北京：中国统计出版社，2017：17.参见"各级普通学校毕业生升学率"。

出现，这突出反映了教育在代际传递层面的固化趋势，使得教育代际公平问题成为社会公平领域的重要议题，教育代际流动性降低以及社会阶层的进一步固化，已成为社会持续关注的焦点问题。教育代际流动水平是反映一个地区教育机会公平的重要因素，会对地区内部经济社会发展指标及个人选择产生重要影响。但碍于数据及测度方法限制，已有研究更多关注了中国整体层面的教育代际流动水平及其变动趋势，而相对较少关注不同地区间尤其是城市间的教育代际流动差异。事实上，由于区域众多、发展程度及文化传统存在较大差异，加之各地教育政策以及财政支出偏向存在不同，我国地区间教育代际流动也存在很大的不同，而这种教育代际流动上的差异也必将对不同的地区产生很大的影响。

基于上述政策、理论和实践背景，本书拟从以下几个方面研究我国的教育代际流动性，尤其是受教育水平位于底层25百分位的群体的教育代际流动性：一是中国区域众多，经济发展水平各异，如何更为精确地测算不同地区的教育代际流动性？二是为何要研究教育代际流动性，换句话说，教育代际流动性为什么如此重要？教育代际流动性对收入不平等有何影响，能否缩小贫富差距？习近平总书记强调要不断增强各族群众的获得感、幸福感和安全感，那么教育代际流动性的增强是否提高了居民的幸福感？社会信任是一项重要的社会资本，但据资料统计我国居民对陌生人的信任水平非常低，教育代际流动的提高能否在一定程度上提高居民对他人的信任水平？三是如果事实如此，如何提高我国的教育代际流动性？具体到现阶段的中国，影响一个地区的教育代际流动的因素有哪些？公共教育支出是否以及在多大程度上影响了教育的代际传递性？如果公共教育支出影响了教育代际流动性，那么现阶段我国公共教育支出还存在哪些问题？如何从公共教育支出的角度进一步提高我国教育代际流动性进而提高居民的主观幸福感和社会信任水平，以及缩小地区间教育代际流动性差异？本书试图回答这一系列问题。

1.1.2 研究意义

1）理论意义

（1）丰富了收入分配理论

研究教育代际流动为我国的贫富差距问题提供了一种新的解释。经过几十年的快速增长，我国已成为世界第二大经济体，与此同时，居民收入水平之间的差距也逐渐拉大，诸多研究通过基尼系数、泰尔指数、变异系数以及居民分项收入的集中率等指标来衡量居民收入差距的严重程度，也有研究从收入代际流动的角度衡量社会公平，而教育作为人力资本的一种积累，在一定程度上反映了未来收入水平的高低。教育机会不平等会在个体进入社会以后逐步发展为收入水平、家庭经济地位或社会地位等方面的不平等，教育代际流动的固化为我国贫富差距的扩大提供了另外一种解释，因而对丰富收入分配理论有着重要的理论意义。

（2）丰富了社会流动理论

从另外一个角度来看，寻找一个更为精确的度量方法去测度代际传递的强度，有利于更准确、合理地估计我国教育代际传递的强度，弥补相关研究的不足。虽然关于识别父母受教育程度与子女教育产出的方法的研究很多，但对教育代际流动水平的测度往往采用对父代和子代受教育年限进行回归的方法，测度方法的准确性不高。不仅如此，代际流动自学界研究以来就存在很大的争议，代际流动的测量方法和测量结果不断被颠覆，代际流动的影响机制和传导路径也是迷雾重重，作为世界上最大的发展中国家，中国有着区别于欧美国家的政治制度和经济体制，本书可以为父母教育与子女教育的相关关系的研究提供中国方面的证据，还可以利用本书的研究结果就国外相关研究成果在中国的适用性和解释性问题进行探讨。研究我国的教育代际流动对丰富劳动经济学、社会分层理论以及社会流动理论都有着非常重要的理论意义。

（3）丰富了代际传递的相关研究

研究教育代际流动对丰富相关文献也有着较为重要的意义。诸多国内外文献对收入和教育代际弹性进行了测算，但对国内地区层面尤其是城市层面的教育代际弹性还鲜有研究。通过大型微观数据和城市层面的宏观数据测算出我国各区域的教育代际流动水平，并对其进行详细系统的研究可能会为代际传递提供更多的信息，进而丰富相关的文献。

2）实践意义

从实践意义上看，研究教育代际流动为解决我国教育不平衡发展问题提供了一条新的路径，从而为政府实施政策提供参考。以往研究多从生均教育经费、升学率、师生比率、教师学历、教师工资、硬件设施、教育专项转移支付、教育一般性转移支付等角度来衡量教育均等化，但均等化不仅体现在代内不同地区和不同家庭之间，还应该包括代际之间的均等化。Becker和Tomes（1986）指出"子代收入相对于父母来说，趋向或偏离均值的回归程度是一种对社会中机会平等程度的测度"，那么子代受教育水平相对于父母而言，对均值的偏离或趋向亦是一种对机会均等程度的测度，如果在一个社会中教育代际流动性比较强，也就是说子代受教育水平受父代的影响较小，那么子代的受教育水平就会趋向于均值，整个社会的机会程度就比较均等，反之，在一个教育代际流动性比较弱的社会中，子代的受教育水平都趋向于偏离均值，那么整个社会的机会均等程度就比较小。因此研究教育代际流动能够为缓解我国地区间教育不均衡问题提供政策建议和优化路径。从现实中看，识别不同地区和阶层代际流动性的差异，公共教育支出在其中所起到的作用，以及其他有利于提高教育代际流动水平的因素，有利于科学、合理地制定对弱势群体教育选择的扶持政策。本书采用一种新的测度方法测算并分析了我国各地区和各阶层代际流动性的趋势和差异，识别出代际流动较为固化的地区和阶层，相应的教育补偿政策和财政政策便能以此精准地识别帮扶对象，并施以相应的帮扶。

1.2 核心概念的解释

1.2.1 代际流动

代际流动是指一个人的成功（收入、教育、职业、社会地位等）独立于其父母的成功程度。Dirk Van De Gaer 等（2001）在其文章《代际流动的三种含义》中指出代际流动具有以下几种含义：一是作为流动的一种衡量标准（a description of movement），用以描述某种事物比如教育、职业以及收入等从一代到下一代相对位置变动的程度（the extent to which positions are changed from one generation to the next）；二是作为机会平等程度的量度（the size of inequality of opportunity）；三是可以作为生活机会平等程度的量度（the degree of inequality of life chances）。在实践中，代际流动这三种不同的含义往往同时出现，然后根据一个转移矩阵计算一个简便的概括性的流动性指数，并根据不同的含义对结果进行解释。

实际研究中，诸多学者也会采用代际传递的概念，代际传递的概念源于对阶层继承和地位获得的研究范式。例如，人们常常提到的"子承父业"反映出的子代对父代职业、经济地位等的继承性就是代际传递效应。代际传递和代际流动具有相反的含义，代际传递性越强，代际流动性越弱，反之亦然。实证中对代际流动性大小的衡量主要采用代际弹性这一指标，代际弹性是指子代收入、职业以及家庭地位等受父代的影响程度，弹性越小说明子代受父代的影响程度越小，社会的流动性就越强，机会平等的程度也越高；反之则说明这个社会流动性比较弱，社会阶层比较固化，每个人所面临的机会存在很大差别。以收入为例，代际弹性一般通过以下模型求出：

$$y_i^c = \alpha + \beta y_i^p + \varepsilon_i \tag{1}$$

其中 y_i^c 代表家庭 i 的子代持久收入的对数，y_i^p 代表家庭 i 的父代持久收入的对数，ε_i 是随机扰动项。模型中解释变量和被解释变量都是对数形式，因此系数 β 就是父代与子代收入之间的弹性，也就是父代收入对子代收入的影响程度，或者说是子代收入随父代收入变化的敏感程度，β 越大，越接近 1，表明父代收入稍有变化，子代收入也会发生较大的变化，父代收入之间的不平等通过子代进行了"放大"，从而造成"穷者愈穷、富者愈富"的局面。而 β 越小则表明子代收入受父代收入的影响也越小，当 β 为 0 时，子代收入完全不受父代收入的影响，此时整个社会处于一种完全流动的状态，每一个子代所面临的机会是绝对均等的。除此之外，还有学者通过将子代收入在所有子代收入中的排名对父代收入在所有父代收入中的排名进行回归，从而求出代际收入流动性的大小。

1.2.2 教育代际流动

教育代际流动是指子代所取得的教育成就受父代的教育成就的影响程度，与代际收入弹性类似，在计算教育代际弹性时，学者们常采用对受教育年限或者学历水平进行回归的方法，也有学者对教育水平的排名进行回归。与收入、家庭地位以及职业等的代际流动相比，教育代际流动提供了一个比较独特的视角，如果说收入与家庭地位的代际流动性衡量了子代生活机会的平等程度，那么教育的代际流动性则衡量了子代早期生活机会的平等程度，而且受教育水平避免了持久收入以及家庭地位较难衡量的问题，通过对受教育水平的回归能够更为客观地测算出社会代际流动性的大小。另外已有研究表明更高的受教育水平与更长寿和更健康的生活（Baker 等，2011；Mirowsky 和 Ross，2003）、更高的终身收入、更有可能被雇用并拥有一份有价值的工作（Powdthavee 等，2015；Reynolds 和 Ross，1998）之间的关系非常密切，研究教育代际流动能够评估其在多大程度上解释收入、职业以及家庭地位的代际流动。

1.2.3　共同富裕

1）共同富裕的科学内涵

邓小平指出，社会主义的本质是解放生产力，发展生产力，消灭剥削，消除两极分化，最终达到共同富裕。从邓小平对社会主义本质的深刻论述中可以看出共同富裕包括生产力和生产关系两个方面，缺少任何一个方面都不能称为共同富裕。

首先，共同富裕意味着生产力的高度发展。这主要解决的是总量问题，也就是所谓的把蛋糕做大，共同富裕要求生产力进一步解放和发展，向更高水平迈进，只有生产力高度发展了，共同富裕才有更加坚实的物质基础。这就要求我们在社会主义经济制度下坚持把经济建设摆在中心位置，坚持发展是党执政兴国的第一要务，坚持贯彻创新、协调、绿色、开放、共享的新发展理念，进一步深化改革，破除体制机制障碍，不断解放和发展生产力，满足人民更多方面更高水平的生活需求。

其次，共同富裕意味着生产关系的极度协调。这主要解决的是相对量问题，也就是所谓的把蛋糕"分好"，贫穷不是社会主义，两极分化也不是社会主义。这就要求我们在发展的过程中要处理好分配关系，坚持发展为了人民，发展依靠人民，发展成果由人民共享，解决好协调好各方面的利益诉求，让广大人民从发展成果中受益。

最后，共同富裕是生产力和生产关系的相互适应。社会主义社会的基本矛盾是生产力和生产关系，经济基础和上层建筑之间的矛盾，生产力对生产关系起基础性和决定性作用，生产关系对生产力也有反作用，只有适应生产力发展的生产关系才能进一步促进社会生产力的发展，共同富裕既不是唯生产力论，也不是单纯的追求分配的公平公正，而是生产与分配之间更好的结合。

全体人民共同富裕是一个总体概念，是具有全局性、全面性和整体性的。就覆盖的群体而言，共同富裕不是少数人、一部分人或者某一地区的人富裕，而是全体人民的共同富裕；就覆盖的领域而言，共同富裕是在经济、政治、文化、社会以及生态五个方面的总体提升；另外共同富裕还具有阶段性和渐进性特征，需要清醒地认识到实现共同富裕不是一蹴而就的，实现共同富裕是一项艰巨、长期而又复杂的系统工程，共同富裕也并非搞平均主义，不是所有人所有地区同时达到富裕，这就决定了必须分阶段推动共同富裕，将阶段性目标和长期最终目标相结合，渐进性地实现共同富裕由低级向高级、由不均衡向均衡逐步推进。对于共同富裕的实现路径，习近平总书记提出了"三步走"的战略规划：到"十四五"末，全体人民共同富裕迈出坚实步伐，居民收入和实际消费水平差距逐步缩小；到2035年，全体人民共同富裕取得更为明显的实质性进展，基本公共服务实现均等化；到本世纪中叶，全体人民共同富裕基本实现，居民收入和实际消费水平差距缩小到合理区间。

2）共同富裕的衡量与测度

由以上对共同富裕内涵的分析可以得出，共同富裕既包括生产力的发展也包括生产关系的协调，既包括物质层面的共同富裕也包括精神层面的共同富裕，既包括收入水平差距的缩小也包括居民满意度和幸福感的提升。根据社会流动理论，个人的规范性信念和态度、行为和幸福感都受到其父母的地位和自身地位的影响（Blau，1956）——用社会流动理论的术语来说：受他们的出身和最终地位的影响。已有研究表明，地区教育代际流动对居民的幸福感会产生影响（刘小鸽等，2018），高的代际流动水平还能够促进高技能人才的流入（王伟同等，2019）。不仅如此，著名的盖茨比曲线（The Great Gatsby Curve）也表明了，代际流动性越高的地区，其贫富差距也会越小。由此，代际流动变化所产生的效应涵盖了共同富裕的各个层面，基于对共同富裕的科学内涵的分析，在数据可得的前提下，本书选取收入差距和居民主观感受来衡量共同富裕。居民主观感受则主要选取居民主观幸福感和居民社会信任两个指标。

（1）收入差距

经济学中，收入差距是指以高低收入水平差别或占有收入比重的不同表现出来的差距。在实际测算中常常以基尼系数来衡量居民的收入差距，基尼系数介于0和1之间，越接近1表明一个社会中居民的收入差距越大，越接近0则表明社会中居民的收入差距越小，国际上通常把0.4作为收入分配差距的"警戒线"。本书以CFPS微观数据库中居民的收入为数据来源测算了各城市的基尼系数，用以衡量各城市的收入差距。

（2）居民主观幸福感

幸福是一种主观的体验和感受，心理学上又称为主观幸福感。Diener（1984）把主观幸福感定义为个人对其生活质量的整体评估，这种感觉从心理上衡量了个人的总体生活质量。主观幸福感包括两个成分：认知评价（即生活满意度）与情绪体验。积极情绪、消极情绪是情绪体验中的两个成分，积极情绪包括高兴、振奋、自豪等情绪体验，消极情绪有难过、羞愧、负罪感等情绪体验。主观幸福感有主观性、稳定性以及整体性三个特点，这种主观感受是由自己而非他人根据长期以来的情感和生活满意程度进行的一个总体的评价。

（3）社会信任

在过去的几十年里，社会中的信任，也被称为人际信任或社会信任，已经被证明值得公共政策制定者和社会科学家越来越多地关注。信任是合作和经济交流的社会润滑剂，是社会资本的基本组成部分。更具体地说，人际信任可以缓解道德风险和激励问题。已有研究证明了信任与投资和交易成本（Zack 和 Knack，2002）、大型组织的绩效（La Porta 等，1997）之间的关系，并最终揭示了信任与增长之间的因果关系。由此可见，作为一项重要的社会资本，社会信任对于促进居民合作、社会稳定以及经济可持续发展都有极为重要的意义。

1.3　国内外研究进展与研究述评

对代际流动性的研究主要集中于收入的代际传递性方面。Becker 和 Tomes（1979）建立了关于收入分配与代际传递的均衡模型（OLG 世代交叠模型），该模型认为当子女从父母接受更多的人力及非人力资本投资时，子女的收入会增加，这种代际传递依赖于继承的程度和父母对子女投资的倾向，自此开启了经济学领域关于代际流动性的研究。

为全面把握"教育代际流动性"的研究现状，本研究以中国期刊全文数据库 CNKI 中的期刊文献为样本，以"教育代际流动"为主题词进行检索，检索时间为 2024 年 6 月 19 日，通过检索共得到 438 篇文献，每年的文献数量如图1-1所示。从总体发文数量上来看，学界关于教育代际流动的研究还是比较少的。从时序分布上来看，学界关于教育代际流动的研究在2009年和2021年分别达到两个峰值，至此可以将2021年前的教育代际流动研究分为三个阶段：第一个阶段是1985—2003年，这一阶段是教育代际流动研究的起步阶段；第二阶段是2004—2009年，在这一阶段，学界对于教育代际流动的关注逐渐增多但教育代际流动尚未成为研究热点；第三阶段是2010—2021年，这一阶段，每年教育代际流动文献数量从最初的几篇增长到几十篇，教育代际流动逐渐成为研究热点。最近几年教育代际流动依旧保持较高研究热度，可以看出关于教育代际流动的研究已进入稳定发展时期。

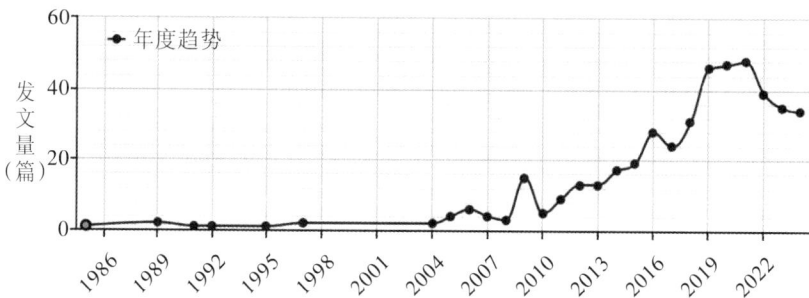

图1-1　"教育代际流动"相关研究趋势

具体来说，学界主要从以下几个方面对教育代际流动展开研究：教育的产品属性，代际流动性的测算，代际流动性的外在影响包括对贫富差距、居民主观幸福感和社会信任的影响，公共教育支出对代际流动性的影响以及代际流动性的优化路径等。

1.3.1　教育的产品属性

1）教育的高收益性

大量研究都表明，教育具有较高的收益性，教育的收益性常常用教育的投资回报率这一指标进行衡量，最早对此进行研究的是

Schultz、Mincer 和 Becker 这三位学者，其中，Mincer 于 1974 年提出了衡量教育对收入影响的基准模型，也就是后来的学者们最常使用的测算教育收益性的 Mincer 方程。Ashenfelter 和 Krueger（1994）对教育的收益性进行测算发现，多接受一年的教育可以使收入提高 12～14 个百分点。Kane 和 Rouse（1995）、Staiger 和 Stock（1997）、Ichino 和 Winter（2004）、黄国华（2006）、李实和张钰丹（2020）等使用各种工具对教育的高收益性进行了测算，虽然测算的结果有所不同，但基本都在 5～12 个百分点，由此可知，教育的收益率是非常高的。

在所有教育阶段中，学者们一致认为学前教育所带来的收益率最高。对于学前教育的高收益性的研究，最具代表性的是美国的佩里学前教育研究计划（Perry Preschool Program Study）。该计划研究结果表明，学前教育投资是一种最省钱、回报率最大的公共投资，在儿童成长到 27 岁时，投资回报率是 1：7.16，到 40 岁时，投资回报率是 1：17.07。克利夫兰（Cleveland，1998）和克拉辛斯基（Krasinski，1998）的研究表明，给 6 岁的儿童提供高质的、全日制和全年制的学前教育产生的效益是其他公共投资的 2 倍。佩里学前教育研究计划（2000）认为学前教育全部收益一般是其成本的 7 倍。该项研究指出，以政府为主导供给学前教育，不仅能缓解劳动力市场的劳动力供给短缺，而且可以通过对不利儿童的教育倾斜促进整个社会的公平。芝加哥大学教授 James Heckman 于 2005 年在《促进人力资本的政策》一文中通过对学前教育的收益进行研究后指出：将 1 美元投资到幼儿上，将会比学前阶段之后再投入得到更多的经济效益，在儿童小的时候就对其进行投资，随着年龄的增长继续增加投入是最佳的投资方式。

2）教育的公共产品属性

教育是除了土地、资本、劳动之外的第四种生产要素，通过教育，个人才获得"技艺"，而拥有一定"技艺"的人能做许多没有这项"技艺"的人不能做的工作，这些复杂的工作，相比那些简单的工作能产生更大的价值，但同时这项"技艺"的获得需要经过培训，而培训就需要各种人力、物力和资金的投入，这是英国古典经济学创始人威廉·配第在其代表作《政治算术》（1676）一书中对教育投资的一种描述，威廉·配第也是最早提出要对教育进行投资的学者。教育所蕴含的公共性不是人为赋予的，也不是主观思维的结果，而是人类教育发展过程中展现出来的。在西方社会进入工业化之前，儿童教育主要是在家庭中进行，很少有政府涉入。资本主义国家政权形成以后，公共教育的理念才开始普及和发展，其主要通过公共教育向大众传播知识，从而形成一致的价值观。因此，为了满足社会发展的需要，各资本主义国家在建立政权以后都进行了改革，即在全国范围内施行公共教育。

随着经济社会的发展，政府的职能和对市场的干预范围也在不断发生变化，19世纪60年代，约翰·穆勒（1861）认为应该由政府向人民提供教育，这样社会才能不断向更高的文明进步。萨缪尔森（1985）在其经典著作《经济学》中将政府的三个职能定义为效率、公平和稳定。具体而言：一是政府要承担因"市场失灵"而导致的生产或消费无效率的职能；二是政府要承担使收入公平的职能，消除收入分配极端不公平的现象；三是政府要承担稳定经济社会的宏观职能，也即宏观的经济管理职能。教育对收入有重要的决定作用，对经济社会的稳定也有很大的影响，因此教育公平也是政府的主要职能之一。厉以宁（1999）根据经济学中所给定的公共产品、准公共产品、私人产品的定义，对教育进行了分类，按照厉以宁的分类，本书所探讨的教育即为公共产品。劳凯声（2002）则认为教育事业作为公益性事业，核心价值在于造福他人、社会乃至全人类，这种特性决定教育是一种典型的公共产品。哈维·S.罗森（2003）认为，教育是具有公共属性的产品。斯蒂格利茨（2005）则认为教育是具有"邻里效应"的公共产品。这也就是说，教育的公共产品属性是为国内外学术界所公认的，因此政府理应对其所需的经费负责。

1.3.2 代际流动性的测算

1）代际收入流动性的测算

关于代际收入流动性的测算，大部分中外学者都采用对数回归（log-log）的方法，即用子代收入对数对父代收入对数进行回归，学者们通过这种方法采用各种数据对世界上各个国家的代际弹性进行了测算，Harknett 等（2003）测算的美国、法国和英国的代际收入弹性在 0.4 左右，德国为 0.32 左右，瑞典大约为 0.27，加拿大小于 0.2。Jäntti 等（2006）测算的美国代际收入弹性为 0.517，英国代际收入弹性为 0.173，芬兰和瑞典这一数值分别为 0.155 和 0.071。Hertz（2001）、Grawe（2001，2004）、Dunn（2007）、Irene（2007，2009）等人测算了发展中国家的代际收入弹性，结果发现南非、巴西、厄瓜多尔、尼泊尔、巴基斯坦和新加坡等国家的代际收入弹性都比较大，其中南非这一数值为 0.609，巴西这一数值为 0.69，新加坡这一数值为 0.45。从以上各位学者对代际流动性的测算结果中可以看出，北欧等福利比较高的国家的代际收入流动性比较强，美国、英国等发达国家的代际收入流动性次之，发展中国家的代际收入流动性最弱。

但是，采用上述测算方法存在两个偏误：生命周期偏误和衰减偏误。生命周期偏误是指利用早期收入来代替终生收入会低估代际弹性，衰减偏误是指用一年的收入来代替终生收入会削弱对代际弹性的估计。例如，Solon（1992）采用了 3 个计量模型对美国的代际收入弹性进行测算：一是用单年的父代和子代收入数据进行测算；二是用父代和子代5年收入的均值进行测算；三是用父代受教育年限作为父代收入的工具变量进行测算，结果显示3种方法测算的代际收入弹性分别为0.386、0.413和0.526。Mazumder（2001）将父代16年的收入平均值作为其持久收入的替代变量测算的美国代际收入弹性为0.6左右，而用2年平均收入作为持久性收入的替代变量时，其弹性为0.25。另外，对代际收入弹性的估计比较依赖于样本和收入的选择，样本范围越大，弹性值越大；父代收入越接近持久收入，弹性值也越大。例如Solon（1992）在测算代际收入弹性的时候发现，对于全样本而言，其弹性为0.39，而对于完成高中学业的子代样本而言，这一数值下降到了0.26。Mazumder（2001）和Levine（2002）分别用PSID和NLS数据库测算美国1980—1990年间的代际收入弹性变化，却得出截然相反的结果，前者得出这10年间美国的代际收入弹性从0.45逐渐下降到了0.29，后者则得出这一数值从0.22上升到0.41。除此之外，采用对数进行回归还存在以下两个缺陷：一是父代和子代收入对数之间并不是线性的。例如，Chetty等（2014）对父代收入在90百分位以下的样本进行回归，发现其弹性为0.335，而对处于90到99百分位的样本进行回归，发现其弹性为0.076。二是这种方法对收入为零或收入极低的子代非常敏感，Chetty等（2014）将收入为零的子代剔除、将收入为零的子代的收入分别赋值为1美元和1 000美元，所得到的代际收入弹性值在0.264到0.697之间变化。从中可以看出，随着样本的不同，利用对数方法所测度的弹性结果变化非常大。

为了得到更为精确和稳定的代际弹性，一些学者尝试使用新的指标对代际流动性进行衡量，Dahl和Deleire（2008）使用了一种新的指标——代际次序相关性指标来测算父代和子代收入之间的相关性，具体而言就是计算父代收入在所有父代永久收入中的排名以及子代收入在所有子代永久收入中的排名之间的相关关系，Chetty 等（2014）证明了这种排名–排名方程（rank-rank specification）所满足的高度线性关系以及这种方法所测度的结果的稳定性，并利用这种方法测算了美国各地区绝对代际流动性的大小。Chetty 等（2014）通过三种指标衡量了美国的代际收入流动性，其中一个是绝对向上流动性，绝对向上流动性是指处在全国父代收入分布中 25 百分位以下的父代的子代在全国子代收入分布中的平均排名。另一个衡量指标是从收入分布的最底层五分之一家庭上升到最上层五分之一的概率，还有一个衡量标准是父代在 25 百分位以下的子代家庭收入高于贫困线的概率。除了代际次序相关性测算方法，学界还通过其他方法，例如代际转换矩阵法，来衡量代际弹性。代际转换矩阵是将父代的收入分为不同的级别，然后看处于最低级别的子代向高收入阶层流动的概率。例如，Zimmerman（1992）将父代和子代的收入四等分，然后发现处于最底层 25 百分位的父代的子代上升到最高 25 百分位的概率为 12%。

2）教育代际流动性的测算

梳理国内外相关研究发现，在家庭的代际传递中，影响子代社会经济地位的父代因素主要包括父代的财富和父代的受教育水平，其中父代的财富对子代的社会经济地位的影响是最直接的。经济条件富裕的家庭比经济条件差的家庭有更大的能力为其子女投资人力资本。相比于家庭经济条件差的父代来说，家庭更为富裕的父代通过遗传和对子代的人力资本投资更易将自身"禀赋"遗传给子代（Becker 和 Tomes，1979；李煜，2006；刘精明，2006），从而对子代的社会经济地位产生影响。越来越多的研究关注评估代际收入流动方面或者说财富的代际流动方面，但对教育代际流动性以及相关政策的评估是比较缺少的。

对教育代际流动性的研究补充了对代际收入流动性的评估，因为教育代际流动既有助于代际收入流动，也是教育政策的目标，而且除了收入以外，教育也可以为我们提供有关个人生活状况的信息。相对代际收入流动而言，教育代际流动提供了一个比较独特的视角，首先，由于教育对一生的收入有很大的贡献，所以研究教育代际流动性的一个重要原因是评估它在多大程度上解释了代际收入流动性的变化。反过来，对教育代际流动性的研究也可以提供关于教育政策在解决代际收入流动性问题方面的有效性的信息。其次，教育代际流动和代际收入流动之间可能存在差异。由于教育在生命周期中相对较早地达到了其最终价值，而且更直接地受到父母的影响，因此它是衡量儿童早期生活机会的一个尺度。相比之下，收入取决于多种干预因素，这些因素可能在儿童以后的生活中产生影响。因此，在研究早期机会或"机会均等"概念时，教育代际流动性的衡量标准可能更有意义。最后，衡量教育代际流动性要比衡量代际收入流动性容易，因为在数据中，教育成就的最终值相对容易获得。与此相反，研究代际收入流动性需要对个人和父辈的生命周期收入进行测算，衡量收入常常受到将长期收入从短期收入冲击中分离出来的困扰。

另外，还有一些文献对家庭社会地位的流动性进行了研究，和家庭的社会地位相比，教育水平更为客观，因为家庭的社会地位很难有一个统一的衡量标准，而且和收入相似，家庭的社会地位也会受到多种因素的影响，因此，无法用家庭社会地位的代际传递来测度儿童早期生活机会。受过良好教育的人很可能会有同样受过良好教育的孩子，反过来也同样成立，这一简单的程式化事实在我们拥有可靠数据的所有社会中都不同程度地适用，显然这对父母和他们的孩子本身很重要，同时这对政策制定者来说也很重要，因为它对一个国家教育体系的运行有很大影响：从某种意义上说，如果父母和孩子的教育关系过于密切，就意味着那些受教育程度较低的人缺乏机会。对于社会科学家，特别是社会学家来说，教育也很重要，因为教育很可能是导致社会分层的一个重要原因。

对于教育代际流动性的测算，学界最初采用受教育水平进行回归，Bauer等（2009）通过将子代的受教育水平对父代的受教育水平进行回归来研究子代上小学的年龄是否对教育代际流动产生影响。Chevalier等（2003）和Hertz等（2007）都比较了各个国家的教育代际流动性，前者的研究侧重于国家之间的教育代际流动性和不平等之间的关系，而后者则分别估计了各个国家收入和教育的代际流动性。Azam和Bhatt（2015）测算了印度教育的代际流动性，和之前的文献类似，这篇文章关注的是相对流动性的变化，文章通过标准化每一个样本群体的受教育年限来实现对教育代际流动性的测算。Blanden等（2005）研究了英国的收入和教育的代际相关性，这篇文章认为，在其研究的样本（1958—1970年）中，儿童受教育水平对父母的收入和受教育水平已经变得越来越敏感。而且，父母收入和子女教育之间的相关性构成了收入代际相关性的一个重要部分（约占总量的三分之一）。Hilger（2017）衡量了20世纪40年代以来美国的教育代际流动性。

上述这些研究要么使用受教育年限–受教育年限的回归方法，要么使用教育代际流动性的特征值测量，测度方法不够精准。为了使测度更加准确，一些学者尝试采用受教育年限排名–受教育年限排名的方法，Jason和Joel（2018）不仅证明了这种方法所具有的独特优势，还通过这种排名回归的方法研究了美国教育代际流动性随时间（1982—2004年）和地区（美国各个州）的变化差异。这篇文章采用了一种新的方法计算教育代际相关系数，这种方法就是排名回归的方法，该方法既考虑了教育成就的独特性质，也利用了现有文献中的标准测算方法，文章显示，虽然过去几年的回归结果表明，在抽样期间，教育代际流动性略有增加，但美国的教育代际流动性呈现波动趋势：大约在 1982—1992 年下降，在 1992—2004 年上升。此外，文章还证实了教育代际流动性存在很大的地域差异。与北方相比，社区和政策因素，例如高中毕业考试的存在，降低了南方的教育代际流动性。Roy van der Weide 等（2024）利用 400 多个入户调查的个人数据，测算了 153 个国家的教育代际流动性，编制了 153 个国家教育代际流动性的全球数据库，研究结果显示，发展中国家教育代际流动性均值低于高收入国家。尽管发展中国家父母的受教育水平较低，但发展中国家的儿童能够超越父母的受教育水平可能性也较低。

1.3.3 代际流动性的外在影响

1）代际流动性对收入差距的影响

关于代际流动性对贫富差距的影响，学术界并未有统一的看法。但是通过对文献进行梳理发现，一般而言，较高的代际流动性同时伴随着较小的收入差距，Becker 和 Tomes（1979）通过构造函数得出，代际流动和代内贫富差距都受到了共同因素的影响，包括能力的遗传程度和父母对子代的投资倾向，虽然收入差距还受到市场运气的方差以及禀赋运气的方差的影响，但二者之间可能存在着一定的相关性。Solon（2004）在其模型中指出，稳态代际收入弹性可以用一个包含四个关键参数的函数来表示，这四个关键参数分别为：基因或能力等的可遗传性、儿童人力资本投资的有效性、人力资本投资收益以及累进性的公共资本投资。这意味着，如果 A 国的代际流动性（更高的代际收入弹性）低于 B 国，这可能是因为 A 国具有更强的遗传程度、更多产的人力资本投资、更高的人力资本回报，或者在人力资本方面的公共投资更少，这些因素也会加剧横截面收入的不平等，从中可以看出，Solon（2004）的研究更进一步地确定了代际流动性和贫富差距之间存在相关性的事实。

虽然能够确定代际流动和贫富差距之间存在联系，但二者之间是正相关还是负相关，学术界并未保持一致。Becker 和 Tomes（1986）给出了一些支持代际流动和收入均等化之间正相关的结论。在诸多国家层面的研究中，高代际流动性往往伴随着较低的区域之间的不平等（Gottschalk 和 Smeeding，1997；Aaberge 等，2002）。Goldthorpe（1991）在 15 个国家的样本中发现，经济平等往往与较高的社会流动性相关。Gottschalk（1997）认为不平等不断加剧的趋势是可以通过代际流动性的提高而减弱的。Azdural（1993）发现土耳其比美国更不平等，代际流动性更差。Bjorklund 和 Jantti（1997）的研究表明，瑞典比美国拥有更高的收入平等和代际流动性。Erikson、Owen 和 Weil（1998）研究了资本市场不完善情况下的代际流动性。这篇文章将分析局限于稳态均衡的情况，研究发现，当资本市场产出水平较高时，不平等程度较低，代际流动性较高，教育资源分配更有效。Maoz 和 Moav（1999）的研究给出了代际流动性在相对发达经济体中较高，并且代际流动性与收入平等正相关的一些实证证据。Solon（2002）的研究表明代际收入流动也包括不平等在代际间的传递。著名的盖茨比曲线也说明了代际之间流动性的高低与以基尼系数衡量的社会平等程度之间存在高度的相关性，代际流动性越低，子女受父代的影响越大，社会不平等程度也越高，贫富差距越大。

Rutichini 等（1996）却发现了相反的结果，他们将意大利与美国进行比较，发现意大利的收入分配比美国更均等，但代际流动性更差。Galor 和 Tsiddon（1997）研究了技术进步对代际流动和收入不平等的影响，文章假设资本市场是完善的，因此约束的有效性不受收入不平等的影响。在他们的模型中，在重大技术发明时期，能力的回报会增加，因此，收入不平等加剧，同时由于初始条件的相对重要性下降，代际流动性也得到了提高，这意味着，代际流动性的提高和收入不平等的加剧将同时出现。

2）代际流动性对居民主观幸福感的影响

关于代际流动和居民主观幸福感之间的关系的研究，理论方面可以追溯到 Pitirim A.Sorokin 在 20 世纪 20 年代的经典研究，该研究强调了代际向上流动对社会的益处（例如增加了创新和适应的潜力），但也指出，这种发展可能给向上流动的个人带来心理代价，因为他们离开他们已经融入的社会阶层，进入一个不太熟悉的新阶层，Sorokin 将社会流动——无论朝哪个方向——描述为一种破坏性的社会体验，它会造成压力，并可能破坏福祉，即著名的分离假说。

相反的假设是基于这样一种观点，即人们越来越重视儿童的成就，教育愿望的提高和至少维持或最好超过父母成就的压力随之增加，各代人平均受教育水平不断提高的趋势，增加了无法与父母的成就相匹配的成本。从这个角度来看，向上流动被认为是心理上的恩惠而不是成本或代价（Goldthorpe，1980），向下流动被认为会带来消极的幸福感，这种感觉被学者们形象地称为"相对剥夺感"。"相对剥夺感"这一概念最初由美国社会学家 Stoffer 于 1949 年提出，后被社会学家 Merton（1957）加以系统阐释，在此基础上，Runciman（1966）提出了完整的相对剥夺理论。相对剥夺理论认为个体在与一定的参照群体对比时可能会产生一定的相对剥夺感。根据这一理论，向下流动会使子代产生一定的相对剥夺感，进而降低其幸福感。

除此之外，向下流动或者缺乏代际流动性会降低幸福感还有一种解释，就是 Newman1999 年提出的 falling-from-grace 假说。该假说认为，当向上流动成为规范的期望而不是例外时，向下流动会产生个人失败的感觉，缺乏代际流动性实际上可能对福祉产生负面影响从而使人们产生受挫的情绪。这些预测与Michalos（1985）的多重差异理论（MDT）的预测一致，后者将主观幸福感描述为人们的愿望和他们所面临的期望与他们的成就之间的感知差异的函数。可以看出，关于代际流动和幸福感之间关系的理论研究还存在比较大的争议，一方认为任何方向的代际流动都会带来幸福感的下降，另一方则认为向下的流动性或者缺乏代际流动性会带来幸福感的下降。

关于代际流动性对幸福结果（如幸福感、生活满意度和健康）的影响，现有的实证证据也非常复杂。一些研究发现，向上流动与有益的结果相关（例如，Camposmatos和Kawachi，2015；Nikolaev和Burns，2014；周伟和马洪茹，2023），教育代际向上流动的子代的主观幸福感显著高于教育代际向下流动的子代。一些研究表明，向上流动对幸福有负面影响，其原因主要是流动的个体发现很难适应一个新的阶级地位（分离假说），无论是向上流动还是向下流动，都会使其失去与原有阶层的联系，从而导致其幸福感下降。Andreas Hadjar和Robin Samuel（2015）利用英国BHPS和瑞士SHP数据库探究了向上的社会流动是否提高了居民的主观幸福感，文章结果显示，向上的代际流动降低了英国居民的主观幸福感，对瑞士居民的主观幸福感没有显著的影响。作者认为，根据分离假说，由于向上流动的人失去了与他们出身阶层的联系，因此可能导致身份认同问题、痛苦以及主观幸福感的下降。

一些研究提供的证据支持falling-from-grace假说，表明向下流动与不利的幸福结果之间存在联系（Hemmingsson等，1999）。一些研究认为社会流动性并不重要（Marshall和Firth，1999）。一些研究认为当社会流动性比较低时，流动性的增加会带来居民主观幸福感的增加，但当流动性达到某一特定值时，流动性的继续增加会带来居民主观幸福感的下降，例如刘小鸽等（2018）利用CFPS数据库构建了省级层面的教育代际流动性指标，并将省级层面的宏观数据与个体层面的微观数据相匹配，研究了地区代际流动对居民主观幸福感的影响。研究结果显示：地区代际流动与居民主观幸福感之间呈现倒U形的关系。而当前中国的代际流动水平低于最优值，有必要进一步提高代际流动从而防止社会阶层固化。李芳芝和张焕明（2021）也认为过高的代际流动性产生的不确定性也很大，反而会降低人们的幸福感。

还有一些研究比较了不同国家代际流动水平与幸福感之间的关系，Bettina Schuck 和 Nadia Steiber（2018）利用欧洲社会调查数据（2008—2014年），研究了欧洲年轻人（来自18个国家、年龄在25～34岁之间的16 050人）教育代际流动性和主观幸福感（SWB）之间的关系。研究发现，教育代际流动性的强弱在不同国家之间存在差异，向上流动的概率在南欧国家最高（25～34岁的年轻人中占42%），而向下流动在波罗的海国家最为普遍（18%）。在所有这些国家中，年轻人自身的受教育水平对他们的福祉比他们父母的受教育水平更重要。然而，与预期一致的是，父母的地位对子代幸福感的重要性，波罗的海国家最高，其次是盎格鲁-撒克逊国家，而在北欧国家，父母地位对子代幸福感的影响接近零。

3）代际流动性对社会信任的影响

研究表明，社会信任在宏观上能够推动经济增长、促进经济繁荣、增进社会福利以及抑制腐败（Beugelsdijk，2004；Helliwell，2003）；在微观上，对个体的主观幸福感、生活满意度以及健康等方面有着非常重要的影响（Kuroki，2011；彭代彦和闫静，2014；朱慧劫和姚兆余，2015）。信任对于促进人们之间的合作以及经济的持续发展都有很重要的意义，但近年来我国居民对陌生人的信任水平非常低，有研究指出我国城市居民中只有50%的比例认为社会上大多数的人比较可信，只有20%~30%的比例认为陌生人可信（史宇鹏等，2016）。

诸多学者从文化传统、社会环境、公共资源以及个体特征等不同的角度探讨了如何提高居民的社会信任水平。个体特征方面，受教育水平被认为是社会信任度的最重要决定因素之一（Paxton，2002；Huang等，2009；Oskarsson等，2017）。Alesina和La Ferrara（2000）认为居民的受教育程度越高，参与社会组织活动、加入志愿组织的可能性也越大，他们的社会信任度也就越高。黄健和邓燕华（2012）分析了中国和英国高等教育与社会信任之间的关系，发现中国高等教育会通过其经济效应对社会信任产生影响；但英国高等教育通过加强个体对价值规范与制度安排的认同对社会信任产生影响。史宇鹏和李新荣（2016）认为，中国公共资源例如教育资源供给的不足导致了人们之间不信任程度的加剧，尤其对处于弱势群体的居民不利，提高公共资源的供给水平、完善公共资源的分配规则有利于提高居民的社会信任水平。吴进进（2019）也认为受教育水平的提高能够增强公众的社会信任度，这主要是通过缓解消极经历、提高公众对待人际关系的理性化水平来实现的。

作为衡量社会公平状况的指标之一，收入不平等是影响社会信任的另一个重要因素，和与自己的收入水平相差较大的人相比，人们更愿意信任与自己收入水平比较相近的人（Alesina，2002；Ferrara，2002），一个社会中穷人与富人之间的收入差距越大，人际信任水平就越低（Zak和Knack，2001）。Jongsung（2012）以及Werfhorst（2012）也得出了相似的结论。事实上，社会信任可能是收入不平等导致许多社会问题的重要媒介之一，Uslaner（2005）认为不平等导致了较低的社会信任水平，而较低的社会信任水平又导致了政府的腐败以及改善分配、促进平等的政策失效，而这又反过来造成了更低的社会信任水平和更大的不平等，从而陷入"相互交织的恶性循环"。收入不平等包括代内和代际两个维度，近年来代际流动问题逐渐成为经济学研究的热点，已有相关研究给出了代际流动与不平等之间的关系，Solon（2002）的研究表明代际收入流动也包括不平等在代际间的传递。在诸多国家层面的研究中，高代际流动性往往伴随着较低的区域之间的不平等（Gottschalk 和 Smeeding，1997；Aaberge 等，2002）。Gottschalk（1997）认为不平等不断加剧的趋势是可以通过代际流动性的提高而减弱的。著名的盖茨比曲线也说明了代际之间流动性的高低与以基尼系数衡量的社会平等程度之间存在高度的相关性，代际流动性越低，子女受父代的影响越大，社会不平等程度也越高。也就是说，不仅是代内收入不平等的变化会影响社会信任水平，代际之间流动性的变化也会对其产生影响，Shaleva（2015）从代际流动的角度实证研究了代际收入流动性与社会信任之间的关系，研究结果表明相对于父母的收入地位，如果子女收入地位上升，那么子代的社会信任水平就会提升，如果下降，其对他人的信任程度就会降低，但是还鲜有学者从地区教育代际流动的角度研究社会公平与社会信任之间的关系。

1.3.4 公共教育支出对代际流动性的影响及优化路径

Solon（1999）认为个人教育成就主要取决于三个方面的因素：天赋、家庭教育投资以及公共教育投资，其中天赋由基因遗传决定，家庭教育投资由家庭的收入水平和对子女的偏好决定，而公共教育投资则由政府教育支出水平决定。这三者都会影响代际教育传递强度。Black 和 Devereux（2011）把影响教育代际传递的因素分为两种效应，一种是先天效应，另一种是后天的培养效应，先天效应由遗传决定，后天的培养效应则由家庭和社会对子女的教育和培养决定。因此针对代际流动性的影响因素的研究主要分为以下三类：家庭背景对代际传递的影响、教育政策对代际传递的影响以及公共教育支出对代际传递的影响。

已有文献对家庭背景和代际传递之间的关系的研究主要集中于家庭收入（Solon，1999；Corak 和 Heisz，1999；Lucas 和 Kerr，2013）、父母受教育水平（Joan 和 Nicholas，2010；邹薇和马占利，2019）、家庭结构（McLanahan 和 Sandefur，1994；McLanahan 和 Sandefur，1994；Kelly Musick 和 Robert Mare，2006）、家庭社会资本（辛自强，2008）和文化资本（Bourdieu，1983；Durlauf，2002）对代际流动性的影响。还有一些文献研究了教育政策对代际流动性的影响，这里的教育政策主要是指教育扩张政策。教育扩张政策是否提高了代际流动性，各学者的研究结果存在不一致性，Blanden 和 Machin（2004）、Sturgis 和 Buscha（2015）、罗楚亮和刘晓霞（2018）、张建华和万千（2018）等人认为教育扩张并没有代际流动性，反而可能使代际传递加强，而 Helena Holmlund（2007）、Bauer 和 Riphahn（2006）、Louw（2007）等人则认为教育扩张降低了教育代际弹性。由于家庭结构和教育政策并不在本书的研究范围内，在此不再赘述，以下仅从公共教育支出的角度重点梳理相关文献。

1) 公共教育支出的规模对代际流动性的影响

教育支出对代际流动性存在影响，这已被诸多学者所证实。Becker 和 Tomes（1986）将借贷约束引入模型，若假设教育市场和借贷市场都是最优且有效的，那么借贷约束在模型中并不显著，这是因为不存在借贷约束的情况下，穷人和富人都可以对子女的人力资本进行最优的投资，这时代际传递只和先天的禀赋继承有关，代际弹性较小，流动性较高。但是，如果存在借贷约束，富人可以对子女的人力资本进行最优的投资，而穷人则由于受到较紧的借贷限制，不能对子女进行最优的投资，其子女由于人力资本投资不足而继续贫穷，最终的结果是代际传递加强，社会阶层固化。Mayer和Lopoo（2008）关于教育支出对代际流动性的影响给出了更详细的解释，具体分析如下：

一是假设社会A不存在借贷约束，也没有政府干预。在这样一个社会中，所有的父母对子代的投资都处于这样一个水平，即人力资本投资所得到的收益和市场收益率相等，富裕家庭的父母使用自己的收入对孩子的教育进行投资，没有能力支付的贫穷家庭的父母则可以通过借贷对孩子的教育进行投资，那么，无论贫穷家庭的孩子还是富裕家庭的孩子都能得到最优的人力资本投资，父子经济地位之间的关系是子代从父代那里继承的初始禀赋的函数。

二是假设社会B存在借贷约束，但是没有政府干预。在这种情况下，富裕家庭的父母依然有能力投资子代的教育以使其达到最优水平，但是由于存在借贷约束，贫穷家庭的父母无法对子代进行最优的人力资本投资，那么对于任一水平的初始禀赋值，贫穷家庭的子代所取得的收入就会低于富裕家庭的子代所取得的收入。在这种情况下，若初始禀赋不变，那么子代的经济地位与父代的经济地位呈现正相关的关系。图1-2给出了社会B中父代收入与子代最终收入之间的关系，从图中可以看出，由于富裕家庭对子代进行了最优的人力资本投资，因此，富裕家庭收入的边际变化对子代的最终收入没有影响，但是由于贫穷家庭未达到最优投资，贫穷家庭收入的边际增加会带来子代收入的增加。图1-3中DEF是使用子代收入对数和父代收入对数来阐述的这种关系，直线B是与数据拟合的回归线，直线的斜率表示社会B中所有家庭的代际收入弹性。

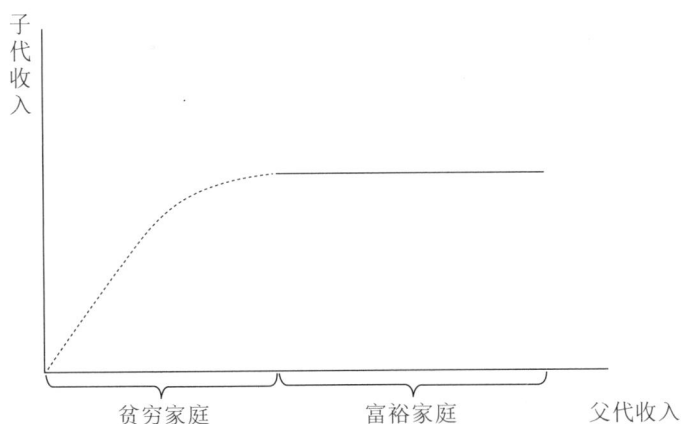

图1-2 有借贷约束和无政府干预下父代与子代收入之间的关系[①]

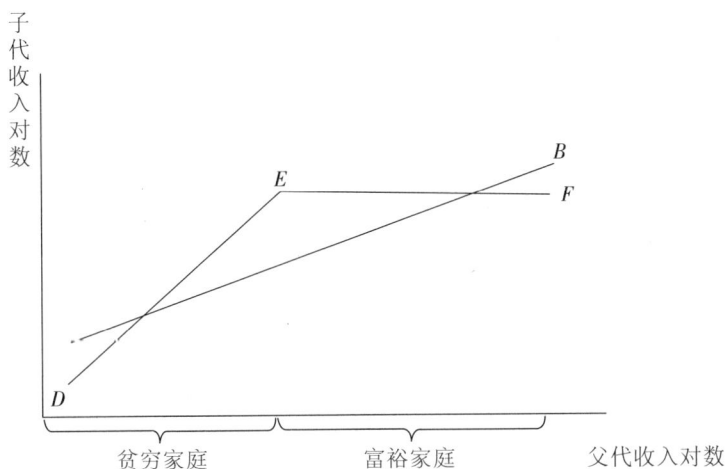

图1-3 有借贷约束和无政府干预下父代与子代收入对数之间的关系[②]

三是假设社会C既存在借贷约束并且有政府干预。这种情况较为复杂，这是因为政府支出存在挤出效应。在社会C中，政府的投资会挤出一些富人家庭对子女的投资，但是这些孩子仍然会得到最优的人力资本投资。由于存在信贷约束，贫困父母仍然不能对子女进行最优

① MAYER S E，LOPOO L M.Government spending and intergenerational mobility ［J］. Journal of Public Economics，2008，92（1）：139-158.
② MAYER S E，LOPOO L M.Government spending and intergenerational mobility ［J］. Journal of Public Economics，2008，92（1）：139-158.

投资，但政府对子女的人力资本投资意味着，在其他条件相同的情况下，对贫困家庭子女的总投资大于社会 B，与社会 B 相比，这增加了贫困家庭子女的收入并且降低了父母收入和子代最终收入之间的相关性。图 1-4 中的分段 GEF 描述了这种关系，我们将这种关系用回归线 C 来拟合。对比图 1-3 和图 1-4 可以看出，回归线 C 的斜率小于回归线 B 的斜率。在社会 C 中，政府支出的主要来源是取得税收收入，如果这项税收减少了富裕家庭父母的收入，可能会减少他们对孩子的教育投资，进而减少贫穷家庭和富裕家庭孩子的教育投资差距，最终降低代际弹性。但是还需要考虑另外一种情况，对贫穷家庭孩子的支出会不会挤出贫穷家庭对孩子的教育支出呢？如果政府支出没有完全挤出贫穷家庭父母的教育投资，那么这样的税收和转移支付制度才会缩小贫穷家庭孩子和富裕家庭孩子的差距。

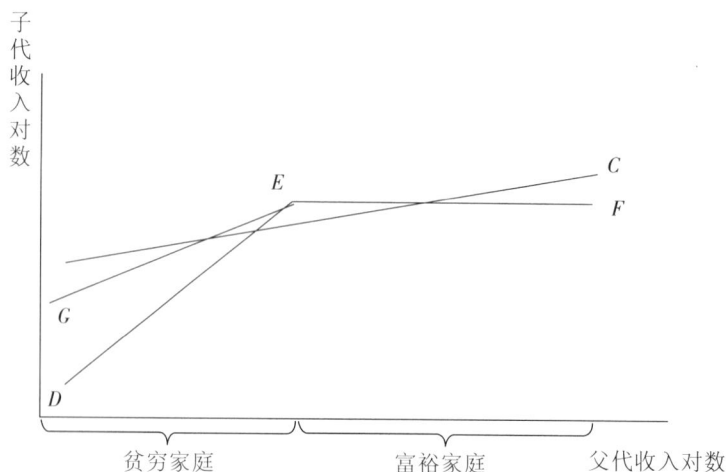

图 1-4 有借贷约束和有政府干预下父代与子代收入对数之间的关系[1]

Solon（2004）认为以教育为代表的人力资本是代际传递的主要机制，并且进一步认为教育财政支出是与父母一起对子女的人力资本

---

[1] MAYER S E，LOPOO L M.Government spending and intergenerational mobility［J］.Journal of Public Economics，2008，92（1）：139-158.

进行的投资，如果教育财政支出能缩小不同收入水平家庭对子女人力资本投资水平的差距，那么它就会提高代际收入流动性。Mayer和Lopoo（2008）采用美国的数据通过线性模型估计了教育财政支出对代际收入流动性的影响。他们通过比较人均财政支出水平不同的组别（按所有个人15~17岁时州人均财政支出的平均值划分为高中低三个组别）来考察该影响。文章发现，相比于低教育财政支出的州，高教育财政支出的州具有更高的代际流动性；相比低教育财政支出的州，高教育财政支出的州中优势儿童和不利儿童（父母受教育年限小于12年）在代际流动性上的差别更小；针对低收入群体的教育财政支出能够增加他们未来的收入，但对高收入群体却不明显。Jaehyun Nam（2019）检验了儿童时期政府支出对收入不平等与代际收入流动性之间关系的影响。文章使用1979年美国青年纵向调查数据，在州级层面对收入不平等和人均政府总支出进行衡量，其中总支出包括联邦、州和地方在教育、公共福利和医疗保健方面的支出。研究结果表明政府的额外支出有助于促进代际收入流动。此外，政府支出减轻了收入不平等对代际收入流动性的影响。该结论表明，政府支出可通过抵消收入不平等的后果来防止代际收入流动性下降。但是，该研究并不认为增加政府支出对增加代际流动性的影响是无限的，如果不努力将低收入家庭与政府的政策和计划联系起来，经济上处于不利地位的儿童就不会从政府支出的增加中受益以使其人力资本和技能得到发展。

国内诸多学者研究了公共教育支出对代际流动性的影响。周波和苏佳（2012）研究发现县级教育事业费支出的增加可以提高代际收入流动性。杨娟和周青（2013）对不同时期16~20岁群体能否上高中的影响因素加以甄别，发现公共教育经费增加可以一定程度上减弱家庭背景的影响，提高教育的代际流动性，但当公共教育经费达到一定程度时，其影响非常微弱。Li Zhongda，Liu Lu和Wang Meijin（2014）利用中国的证据研究了公共教育支出和代际收入流动性之间的关系，文章认为现有的关于代际收入流动性的研究存在两个主要缺陷：偏向于低估代际收入流动性和遗漏政府支出在其中所起的作用。为了解决这些问题，这篇文章提供了对中国代际收入弹性的一致估计，并且通过将政府支出纳入标准模型来扩展标准模型。文章通过工具变量（IV）估计发现，我国的长期收入之间的代际相关性是0.830，而自相矛盾的是，政府在公共教育上的支出未能有效地使社会变得更具流动性。但是，通过使用DID方法衡量《中华人民共和国义务教育法》的效果，发现公共教育支出显著提高了受益人的收入，提高的比例高达43%。基于以上发现，人们认为中国的代际收入流动性相对较低，而公共教育虽然对个人收入产生了积极影响，但却无法减弱经济地位的强劲传递。公共教育支出的短缺可能是造成这种现象的原因。中国实现经济正义的唯一途径是通过增加公共教育支出来达到下一代的最佳投资水平。因此，尽管公共教育在短期内似乎具有相当的限制性作用，从长远来看，增加用于贫困家庭的政府支出有助于减轻世代相传的经济贫困状况。徐俊武和易祥瑞（2014）利用中国健康与营养调查（CHNS）数据库和各地区教育经费支出相关数据，运用多重门槛模型研究了我国公共教育支出对我国居民代际收入流动性的影响机制和程度。研究发现当前我国居民代际收入流动性比较低，政府公共教育支出有利于提高代际收入流动性，即公共教育支出水平越高的地区，居民代际流动性的增加越明显。牟欣欣（2018）发现公共教育支出对代际收入流动性有一定的改善作用，但目前我国公共教育支出还存在支出规模不足等一些问题，因此要提高代际收入流动性，就要进一步完善我国的公共教育支出，提高公共教育支出规模，加强公共教育支出绩效评价体系的建立。

也有国外学者研究了政府对儿童的干预方式，例如现金补贴或者实物补贴等，对贫困代际传递的改善效果。Caridad Araujo，Mariano

Bosch 和 Norbert Schady（2016）利用厄瓜多尔的数据研究了现金补贴对贫困家庭代际传递的长期（10 年）影响，这篇文章基于两个独立的数据库和两个识别策略进行了如下几个方面的分析。首先，文章将 6 岁以下儿童随机分配到"早期"或"后期"实验组。虽然早期实验组接受了两倍的现金补贴，但研究发现两组儿童在大量测试中的表现并无差异。儿童在早期获得现金补贴并不能改善儿童在后期的学习成就。其次，现金补贴项目利用"贫穷指数"来确定补贴资格，文章采用 RDD 方法关注那些恰好有资格和恰好没有资格接受现金补贴的孩子，并比较他们 10 年后的学业成绩和工作状况。现金补贴增加了恰好有资格接受现金补贴的孩子的中学完成率，但其影响很小，只有 1 至 2 个百分点，而中学的完成率则为 75%。另外，研究发现现金补贴项目并没有增加就业，厄瓜多尔的现金补贴与其说是帮助贫困家庭中的儿童摆脱世代相传的贫困状况的一种手段，不如将其理解为减少当前贫困的一种方式。最后，文章的结论是现金补贴对厄瓜多尔贫困代代相传的影响可能不大，但是在儿童的各个阶段采取其他干预措施可以改善儿童在成年后的生活状况，包括收入水平，这些措施包括危地马拉的营养干预计划（Maluccio 等，2009）、牙买加的家访计划（Gertler 等，2012）以及美国的提高教师素质计划（Chetty 等，2011，2014）等。

2）公共教育支出的结构对代际流动性的影响

Cunha 和 Heckman 指出，"技巧催生技巧，能力招致能力"，早期教育阶段的投资不但可以有效提高个体最终教育成就，而且相较于高等教育阶段，基础教育阶段对弱势群体的干预效果更好，可以实现"效率与公平"的有效统一，大量研究表明基础教育公共支出对社会代际流动性具有重要影响。

中国的教育阶段分为基础教育和高等教育，其中基础教育包括小学、初中和高中等三个阶段，高等教育包括大学（大专）、研究生等阶段。相较于高等教育阶段，国内学者普遍认为基础教育阶段的投资对子女最终的教育成就发挥着更为重要的作用，提高基础教育阶段的公共教育支出更有助于提高代际流动性。李力行和周广肃（2014）通过研究发现，增加基础教育支出可以提升收入和教育的代际流动性。杨娟等（2015）通过构建四期世代交替模型，模拟了我国20世纪90年代各阶段教育经费投入模式对代际流动的影响，研究结果认为加大义务教育阶段的公共支出力度，有助于弥补年轻父母在孩子早期教育时的预算不足，提高子女高等教育的参与率，进而可以更好地改善社会代际流动性。刘楠楠和段义德（2017）的研究表明，基础教育财政支出可以显著降低父代教育传递、家庭城乡背景对子女升学的影响，从而促进教育代际流动性。其中，初中升高中阶段是财政支出对教育代际流动性发挥促进作用的关键阶段。徐丽、杨澄宇和吴丹萍（2017）建立了一个包含家庭和政府教育投资的世代交叠模型研究政府对基础教育和高等教育投资对居民代际收入流动性的影响。结果发现：在政府教育投资总额不变的情况下，加大基础教育投资占比能够缩小居民收入差距，缓解收入不平等现象，而且随着这一占比逐渐增大，子代收入对父代收入的依赖性越来越小，也即居民收入的代际流动性越来越大。段义德（2018）通过财政支出数据和CHIP数据库探讨了教育财政支出对代际流动的影响，结果显示：基础教育财政支出可以通过两种效应来影响教育代际流动，这两种效应分别是"扩张效应"和"补偿效应"。"扩张效应"是指教育财政支出能够提高子代的入学率和完成率，尤其是底层家庭子代；"补偿效应"则是指教育财政支出能够缓解贫困家庭的借贷约束，增加对贫困家庭子代的教育支出，从而起到促进教育公平的作用。牟欣欣（2018）认为公共教育支出的结构会对代际收入流动性产生影响，尤其是基础教育财政支出，因此应该提高基础教育阶段的财政支出和生均教育经费支出。

国外学者也得出了与国内学者比较相似的结论。Restuccia 和 Urrutia（2004）认为先天能力、基础教育和高等教育三者中，基础教育对子女人力资本形成的作用最大。Bjorklund 和 Ellis（2005）的研究发现，美国的教育代际流动性低于大多数欧洲国家，原因是美国对基础教育阶段的政府投入相对较少，而基础教育对人力资本代际传递的作用高于高等教育。Mayer 和 Lopoo（2005）的研究发现，小学和中学的教育质量对人力资本形成具有重要影响，教育质量每提高两个标准差，通过人力资本传递导致的代际流动性可以增加40%。Mayer 和 Lopoo（2008）应用美国的数据和线性模型估计了教育财政支出对代际收入流动性的影响，在文章的最后，作者认为如果州财政支出能够提高代际流动性，那么很自然地想知道哪种支出最能提高代际流动性。理想情况下，可以将全部支出的系数分解，从而可以在一个模型中将各种不同的支出与父代收入和总支出联系起来。虽然大部分的支出类别之间都存在较大的相关性，以至于很难分别估计出它们的影响，但即使这样，也依然可以从回归中看出义务教育和医疗支出比较重要。Chevalier 等（2013）研究欧洲 17 个国家和美国的公共教育支出与教育代际流动性的关系发现，基础教育公共支出水平较高的国家，教育代际流动性较高。William 和 Youderian（2014）通过建立一个生命周期模型考察了国家之间代际收入流动性的差异在多大程度上是由政府在儿童早期教育上的支出差异所解释的。文章认为低收入家庭的孩子成年后的收入往往比富裕家庭的孩子少，这反映了继承的特征，较富裕家庭的孩子可以通过网络获得更多更好的教育，更能适应人力资本积累的社会经济环境，随着儿童过渡到劳动力市场，这些累积的差异导致了代际收入的持续性。但是，政府支出可以通过弱化父母收入和孩子教育支出之间的联系来减少这种持续性，研究结果显示，与挪威和丹麦的水平相比较，如果将美国早期教育支出翻倍，大约可以消除 8.5% 的代际收入差距。增加儿童晚期教育支出，对代际持续性几乎没有影响。如果将早期教育支出分配给低收入家庭，可能有更大的影响。

另外，也有少部分学者认为高等教育更能够促进教育代际流动性的提高，Li Zhongda，Liu Lu 和 Wang Meijin（2014）认为促进代际收入流动性的关键在于高等教育的普及，而不是九年义务教育。在短期内，教育只会通过增加某些人的收入水平而对当代产生影响，但是，这可能没有考虑到其促进代际收入流动的巨大潜力。从长远来看，提高代际收入流动性是涉及几代人的重要问题。文章建议应制定和执行涵盖几代人的可行的教育政策，以扩大对贫困儿童的人力资本投资，并提高高等教育的普及率。

1.3.5　文献评述

1）既有研究的主要贡献

自 20 世纪 70 年代末 Becker 和 Tomes（1979）将代际流动的概念引入经济学，至今已有 40 多年的历史，通过对以往文献进行收集、整理、归纳并总结，可以看出既有文献对代际流动进行了较为深入的研究。从整体上来看，国内外研究对代际流动的贡献可以概括为如下两个方面：一方面是通过各种方法不断改进代际流动性的测算方法，在克服样本选择偏误和生命周期偏误等引起的偏差的同时丰富了代际流动性测算的研究；另一方面是对代际传递的传导路径的研究，既有研究认为父代对子代受教育水平和收入等的影响主要是通过家庭环境、文化资本、社会资本、基因等因素传导的。

国内外学者对代际流动性的外在影响的研究主要包括代际流动性对贫富差距和居民主观幸福感的影响的研究，还有较少的国外学者对代际流动性和社会信任之间的关系进行了探讨，虽然研究结果存在较大的不一致性，但这为本书进一步探讨代际流动性的外在影响提供了研究方向。

国内外学者还对公共教育支出和代际流动性之间的关系展开了研究。学界对公共教育支出能够促进代际流动性提高这一观点均持肯定态度，并一致认为相比于其他教育阶段的公共教育支出，基础教育阶段的公共教育支出更能促进代际流动性的提高。这些研究都为本书从公共教育支出的角度探讨提高代际流动性的政策路径提供了参考。

2）既有研究的可拓展之处

虽然已有研究对代际流动性进行了较为丰富的探索，但是到目前而言，系统探讨教育代际流动性的研究还非常少见，对教育代际流动性的研究存在以下不足之处：

第一，教育代际流动性的跨学科系统研究不够。教育代际流动性是一个涉及教育学、经济学、政治学、社会学等众多学科相互交叉的复杂问题，当前对教育代际流动性的研究侧重于某个单一学科，难以较为全面系统分析教育代际流动性问题。

第二，研究的对象过于宽泛。虽然很多文献对国家层面或者城乡之间的教育代际流动性进行了研究，但大多仅止于东中西部或者城市和乡村之间，测算的维度过大，并不能很精确地体现出地区之间代际流动性的差异，另外，许多文献都对不同收入阶层之间的代际流动性进行了评估，对受教育水平却只区分高学历和低学历，学历等级划分较为粗浅，很难进行精细化的研究和提出更加有针对性的政策建议。

第三，测度的方法不够精准。许多文献都是采用相对流动性指标，通过将子代对父代的受教育水平或者受教育年限进行回归或者采用对数回归的方法求出代际弹性，这样做会带来非常大的误差：一方面二者之间并不满足线性关系，如果使用线性回归，就会导致比较大的误差；另一方面这种测算方法对受教育水平为零的样本非常敏感，加入受教育水平为零的样本和把这些样本剔除掉所得到的结果差异非常大，有没有更为精确的测算教育代际流动性的方法呢？

第四，缺少对教育代际流动性和居民主观感受之间关系的深入研究。大部分研究认为提高代际流动能够促进社会公平，但最终所带来的社会效应如何却鲜有研究，刘小鸽等（2018）测算了省级层面的代际流动水平并将其与微观数据库匹配研究了代际流动对居民主观幸福感的影响，但能不能研究得更为细化，比如城市层面的代际流动有何影响？另外，作为一项重要的社会资本，社会信任对经济增长和社会和谐有着非常重要的影响，那么代际流动的提高能否促进居民社会信任水平的提升？在探讨提升社会信任水平的途径时，许多文献从提高公共资源的供给水平、减少社会分割以及改进高等教育的教育模式和教育理念等角度提出建议，还鲜有文献从代际流动的角度来研究其与社会信任的关系。

第五，诸多文献建议通过提高公共教育支出的规模和完善公共教育支出的结构来提高代际流动性，那么当前我国教育财政支出的规模与结构还存在什么问题？教育财政事权与支出责任的划分是否合理？如何进一步提高公共教育支出的规模和完善公共教育支出的结构？如何进一步理清政府间尤其是省以下地方政府间教育财政事权与支出责任？现有文献对这些方面的研究还不够深入。

本书在以往文献的基础上试图弥补以往文献存在的上述不足，对教育代际流动性进行了较为系统的研究。本书将对教育代际流动性的研究聚焦于城市层面，采取更加科学合理的测算方法实证测度了城市内部不同阶层教育代际流动性的差异，并且从收入差距、居民主观幸福感和社会信任的角度研究了教育代际流动性的微观影响，最后基于公共教育支出的视角探讨了提高教育代际流动性的政策建议。

1.4 研究内容与章节安排

1.4.1 研究内容

本书致力于研究城市层面教育代际流动性水平的差异，本书的研究内容主要是围绕三个问题展开的：（1）关于代际流动性大小的测算方法有许多，它们之间的差异在哪儿？如何更为精确地测度各城市的教育代际流动性？（2）教育代际流动性为何如此重要？它给整个社会带来什么样的影响？（3）公共教育支出对教育代际流动性的影响如何？现阶段我国公共教育支出存在哪些问题？具体研究内容如下。

一是对我国各地区教育代际流动性进行了科学的测度并呈现了各地区教育代际流动性差异的特征事实。这部分首先利用中国家庭追踪调查（CFPS）2010年数据库和中国家庭收入调查（CHIP）2002年数据库比较了代际流动性的测算方法——代际次序相关性方法（回归方程是rank-rank形式）相对于以往的测算方法（回归方程是log-log形式）所具有的绝对优势，并借鉴Chetty等（2014）构建地区层面绝对代际流动指标测度方法，利用中国家庭追踪调查（CFPS）2010年、2012年、2014年和2016年数据库中父代与子代的受教育水平测算了我国各区域和各阶层绝对教育代际流动水平。测算结果显示，我国各区域和各阶层之间教育代际流动性差异比较大，分阶层看，我国中低阶层普遍有着向上的流动性，中高阶层却普遍面临着向下的流动性；分地区看，有些地区总体流动性比较强，有些地区则比较固化，以25百分位阶层为例，省份层面25百分位阶层绝对流动水平最高值为17.08，最低值仅为11.29，二者相差约6个百分位，而具体到城市层面，绝对代际流动水平的差异更大，25百分位绝对代际流动水平的最低值是8.75，最高值为19.27，两者相差约11个百分位。

二是实证研究了教育代际流动性所产生的微观影响。本书认为当城市教育代际流动性发生变化时，居民的收入差距也会发生变化，这种变化会被当地居民所感知，并对居民的主观感受产生影响。本书选取贫富差距、居民主观幸福感和居民的社会信任水平三个维度来考察教育代际流动性的变化所带来的微观影响，贫富差距是经济发展和社会和谐稳定的重要指标，居民主观幸福感是居民对自身感受的主观评价，居民的社会信任水平则是居民对他人和社会的一种主观评价，这三个维度涵盖了居民整体福利的变化，因而具有很强的代表性。本书将第4章测算的城市底层25百分位群体的绝对教育代际流动水平与城市层面的宏观数据库和个人微观数据库相匹配并对其进行实证分析，实证结果显示，教育代际流动性的提高能够有效缩小贫富差距，而当教育代际流动性下降时，居民的主观幸福感和对他人的信任水平也会显著降低，这也进一步从微观层面证明了本书所研究的问题的重要性，提高教育代际流动性能够缩小贫富差距、提高居民的幸福感和社会信任水平，进而为化解社会发展难题提供可能路径。

三是从公共教育支出的角度探寻优化教育代际流动性的路径。本书通过实证研究发现，在诸多可度量的宏观因素中，公共教育支出对教育代际流动性的影响是最为显著的，理论分析表明公共教育支出的规模和结构都会对教育代际流动性产生影响，而现阶段我国公共教育支出仍然存在很多问题，公共教育支出的规模还有待提高，尤其是公共教育支出占GDP的比重，与发达国家相比，我国公共教育支出占GDP的比重明显偏低，我国公共教育支出的结构还存在不合理的地方，主要表现在城市和农村之间、不同地区之间以及不同教育阶段之间均存在不合理之处，另外，我国教育财政事权和支出责任还不够协调，对上述问题的梳理为进一步改善教育代际流动性指明了方向。

本书的研究思路如图1-5所示。

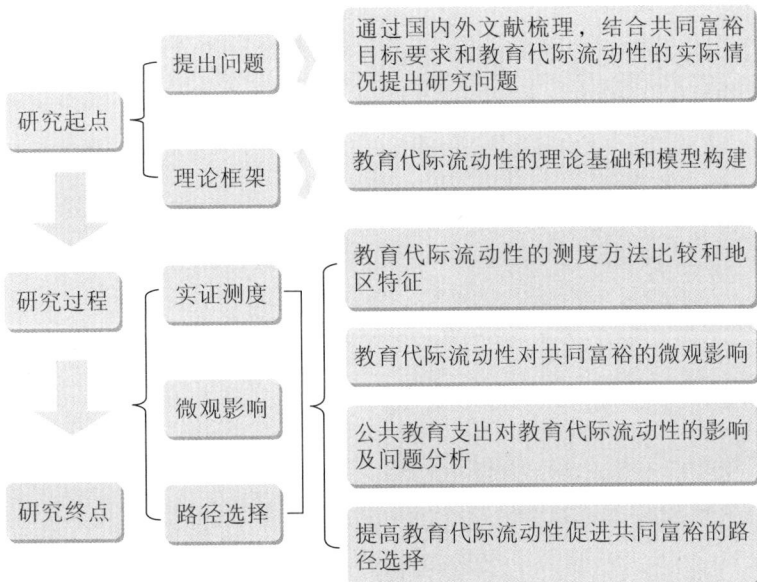

图1-5 研究思路图

1.4.2 章节安排

本书共分为6章。第1章主要介绍了选题的背景，文章的研究意义、研究方法、主要内容、主要创新点与不足以及文献综述。本书的理论基础主要集中在第2章，这一章推导了代际传递的基准模型和教育代际传递的理论模型，并从人力资本理论、市场失灵理论、社会分层理论、社会流动理论和盖茨比曲线等几个方面分析了本书研究所依据的理论基础。实证研究主要集中在第3章至第5章，这3章探讨了教育代际流动性的测度方法、测度结果以及教育代际流动性研究的重要性和公共教育支出对教育代际流动性的影响。最后一章是研究结论和政策建议，这一章从公共教育支出的规模结构等各个角度提出了提高教育代际流动性、居民主观幸福感和居民的社会信任水平以及缩小地区间教育代际流动性差异的政策建议，具体如图1-6所示。

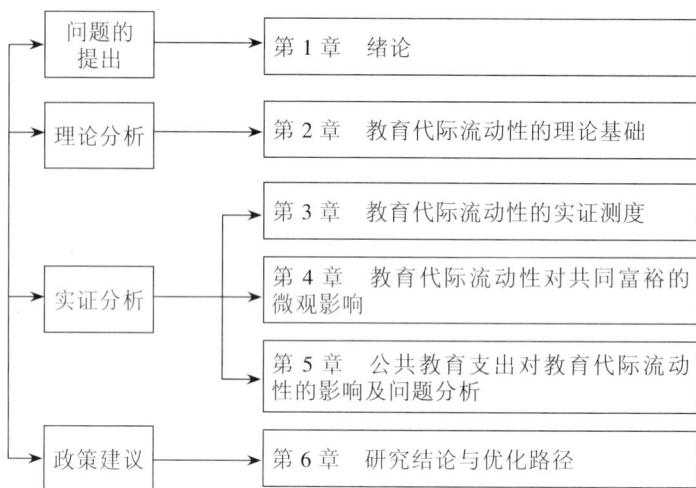

图 1-6　章节安排框架图

1.5　研究方法

本书对国内外相关文献进行了搜集，并以公开的宏观和微观数据库为基础，测度了我国各地区各阶层教育代际流动性的大小，探究了教育代际流动性对贫富差距、居民主观幸福感和社会信任水平的影响，分析了公共教育支出对教育代际流动性的影响以及我国公共教育支出存在的问题，在整个的研究过程中采用了文献分析和实地调研相结合、理论分析和实证研究相结合的方法，这些方法的使用增强了本书研究的科学性和可信度。

1.5.1　文献分析法

梳理以往相关研究领域的文献能够为我们进一步的研究打好基础，文章通过系统性地梳理公共教育支出及教育不平等的文献发展脉络，搜集和整理了有关代际流动及其相关影响因素、公共支出和代际流动之间的关系以及代际流动所产生的社会影响的文章，深刻地了解了目前相关研究成果，为本书的研究奠定基础。

1.5.2　实地调研法

为深入探究公共教育支出的现状以及存在的问题，笔者跟随课题组以访谈的形式对 L 省 D 市各辖区教育局和学校相关教育支出情况进行了深入的调研，获得第一手资料，为改善公共教育资金的投入现状提供更具针对性和可操作性的建议奠定基础。

1.5.3　理论分析法

本书为政府干预教育找到了理论上的依据，通过理论模型研究了父代和子代之间受教育水平的关系，并进一步将公共教育支出纳入理论模型，探讨公共教育支出在父代和子代受教育水平的传递中所起的作用。另外，本书还给出了与本研究相关的一些理论基础，包括人力资本理论、市场失灵理论、社会分层理论、社会流动理论和盖茨比曲线等。这些理论基础和理论模型对形成和理解本书的研究思路、研究主题以及逻辑结构具有非常大的帮助。

1.5.4　实证研究法

实证研究方法是基于大量的事实和数据，利用计量模型，并经过严格的检验验证，从而对社会现象进行定量分析的一种方法。在进行实证研究的过程中本书还采用了描述统计法，描述统计法是通过图表或数学方法，对数据进行整理和统计，以便进一步进行分析，具体来说，就是根据研究需要对数据进行必要的清理之后，通过图形或表格的形式将数据的各种特征例如均值、方差、最大值和最小值等呈现出来，以便进行深入研究。本书主要采用了 2010 年、2012 年、2014 年和2016年中国家庭追踪调查（CFPS）数据库和城市统计年鉴以及国泰安数据库的数据，在各章节根据需要对数据进行整理并对其进行描述性统计，接着本书利用整理好的数据通过OLS模型、固定效应回归模型以及Probit模型实证研究了公共教育支出对教育代际传递的影响以及代际流动对贫富差距、居民幸福感和社会信任水平的影响。

本书的技术路线如图1-7所示。

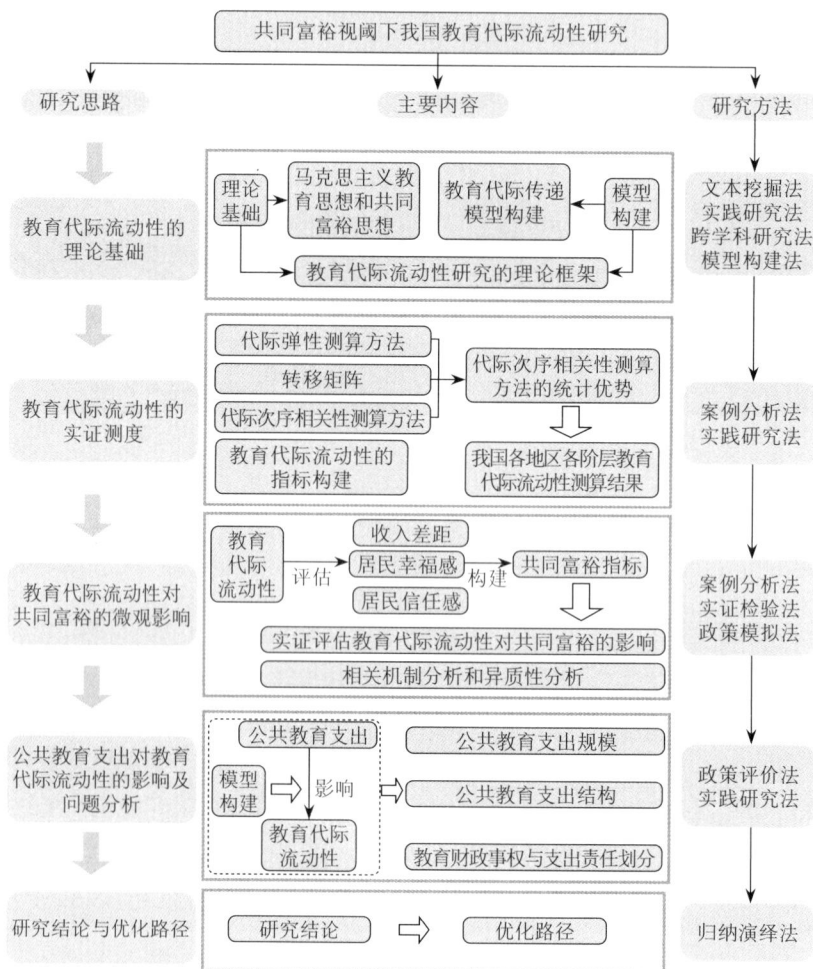

图1-7　本研究的技术路线

1.6　创新与不足

1.6.1　创新点

相比于以往文献，本书的创新点主要表现在以下几个方面：

1）多学科研究视角

教育公平不仅仅是教育问题，同时也是影响国家治理效能的政治问题，教育公平不仅有助于缩小社会的贫富差距，同时也能进一步推动高质量发展，促进教育公平还涉及政府提供公共服务的问题。因此，本书以马克思主义理论为指导，以西方代际传递模型为借鉴，融合政治学、经济学、教育学、社会学等学科相关理论与观点，对教育代际流动展开系统全面的研究。

2）研究对象更为聚焦

本书将对教育代际流动性的研究聚焦于城市层面，不同于以往文献更多关注国家层面和城乡间的教育代际流动性，在研究视角上具有一定的创新性。教育代际流动性提高的本质是实现人与人之间教育机会的公平，从国家和城乡层面研究教育代际流动性的提高，研究的维度过大，不够聚焦，事实上，实现城市内部人与人之间教育机会的公平更为重要。本书通过对不同城市教育代际流动性的测度，呈现了各城市社会成员之间教育机会公平的差异程度，有助于我们更为全面地认识教育代际流动性存在差异的事实并提出更具针对性和可操作性的改善教育代际流动性差异的政策建议。

另外，本书将受教育水平位于底层25百分位的群体作为主要的研究对象，更加强调了底层群体在教育代际流动性的提高中所产生的获得感和幸福感，这是本书在研究视角上的另外一个创新点。本书按照受教育水平将个体分为底层25百分位、中低层50百分位、中高层75百分位以及高层等四个阶层，并探讨了各阶层代际流动的水平和趋势。以往大部分文献都是按照受教育水平的高低将个人分为高学历和低学历，但是这种高和低只是相对而言，范围较大，无法单独关注最底层的那部分群体，本书改进了这种分类方法，不仅给出了各阶层的代际流动水平，而且针对底层25百分位的群体单独进行了分析。

3）测度方法更加稳健

采用代际次序相关性指标测算了各城市的教育代际流动性，并分析了我国各城市教育代际流动性的变化趋势，是准确测算城市教育代际流动性的一种有益的尝试。以往文献大都将子代的受教育水平或者受教育年限对父代的受教育水平或者受教育年限进行回归，回归出来的系数即为父代和子代之间受教育水平的关系或者说是子代受教育水平在多大程度上受父代受教育水平的影响，但是这种方法并不精确，因为父代受教育水平和子代受教育水平之间并不服从线性关系，而满足线性关系是普通最小二乘法（OLS）回归非常重要的前提，相对于这种方法，代际次序相关性不仅满足线性关系，而且在样本和变量定义发生变化的前提下，测算结果并未发生较大的变化，具有很强的稳健性。

4）丰富了代际流动性微观效应的研究

将城市层面的宏观数据和微观数据库相匹配，并研究了代际流动对居民主观幸福感和社会信任水平的影响。已有文献对代际流动和居民主观幸福感进行了研究，但研究的维度较为宽泛，本书从城市层面研究代际流动和居民主观幸福感的关系，深化了对幸福感的研究。另外，现有的许多文献从不同角度探讨了如何提高我国居民对陌生人的信任程度，这些角度包括户籍、高等教育、义务教育、方言以及社会分割等，但鲜有文献从教育代际流动并且是城市层面的教育代际流动的角度对其进行研究。本书不仅拓宽了居民主观幸福感和社会信任水平的研究视角，同时也通过居民主观幸福感和社会信任水平证明了教育代际流动的重要性。

1.6.2　本书的不足之处

本书在以往文献的基础上进行了创新，但不可否认的是，本书的研究还存在以下不足之处：

（1）研究的深度有待拓展。关于教育代际流动性可以研究的范围非常广泛，本书仅仅从测度方法、居民主观幸福感和居民的社会信任水平以及公共教育支出这几个角度对教育代际流动性进行研究，对教育代际流动性的探究还不够深入，未来还可以向以下几个方面进行拓展，比如能否将大数据的方法融入进来，对教育代际流动性进行测算？公共教育支出的结构是如何影响教育代际流动性的大小的？公共教育的哪个阶段对教育代际流动性的影响最大？

（2）研究的精度有待提高。代际流动性的测算方法决定了，数据量越大，结果就越准确，本书将CFPS2010年、2012年、2014年和2016年的数据整合到一起，进行清理之后最终也只得到了3万左右的样本量，如果能够得到更多家庭父代和子代受教育水平的信息，那么本书的研究结果会更加准确。另外，在研究公共教育支出对代际流动性的影响时，如果能够知道花费在每一个子代每一个教育阶段的公共教育支出的数额，那么就能够更为准确地得到更多关于公共教育支出影响代际流动性的信息。

2

教育代际流动性的理论基础

本章共分为三个部分，第一部分是与教育代际流动相关的理论分析，这一部分试图从理论上阐述研究教育代际流动性的必要性与重要性。第二部分是对代际流动相关模型的介绍和推导，最早对代际流动模型进行分析的是 Becker 和 Tomes（1979），此后诸多学者在此基础上加以扩展和完善，Solon（2004）对此模型进行了简化并测算了劳动力市场的代际收入弹性，本章通过借鉴上述几位学者的研究推导了代际收入流动以及教育代际流动的数理模型，对理论模型的分析有助于更为深刻地理解代际流动的内在成因，也为实证分析奠定了理论依据，本书对教育代际流动的研究即是在这些模型的基础上进行的。第三部分是对本章的总结。

2.1　相关理论分析

本书所涉及的相关理论主要包括共同富裕思想、教育代际流动的相关理论、代际流动性微观影响的相关理论以及公共教育支出影响教育代际流动性的相关理论。共同富裕思想包括马克思主义视阈下的共同富裕思想、马克思主义中国化时代化视阈下的共同富裕思想。教育代际流动的相关理论包括人力资本理论、代际传递理论和社会分层理论；代际流动性微观影响的相关理论包括社会流动理论和盖茨比曲线；公共教育支出影响教育代际流动性的相关理论包括市场失灵理论。人力资本理论认为教育是积累人力资本最主要的方式，是一种能够全面提高人力资本的工具，也是人力资本最主要的外在表现形式，因此本书使用父代和子代之间受教育水平的关系来指代人力资本在代际间的传递。子代受教育水平受父代受教育水平的影响程度决定了子代所处的社会阶层相对于父代所处的阶层的变化方向和变化程度，也决定了子代所处的社会贫富差距的变化程度和变化方向，这种变化进一步对子代的主观感受产生影响，上述分析为本书研究教育代际流动性所产生的微观影响奠定了理论基础。教育作为一种准公共产品，如果仅由市场来提供，势必会造成市场失灵，因而需要政府的介入，这也为完善公共教育支出提高教育代际流动性提供了理论依据。

2.1.1　共同富裕思想

1）马克思主义视阈下的共同富裕思想

关于共同富裕的思想最早要追溯到马克思和恩格斯的剩余价值学说和科学社会主义理论。马克思和恩格斯通过剩余价值理论深刻揭露了资本主义社会资本家对雇佣劳动者压迫和剥削的本质，指出资本主义社会生产资料的私有制使得生产资料和发展成果不断地积聚在少数人手中，最终导致贫富两极分化，生产的社会化和生产资料的私人占有之间不可调和的矛盾是资本主义社会最终走向灭亡的根本原因。为实现全人类的解放，实现共同富裕和人的自由而全面的发展，就需要建立以公有制为根本的社会主义制度，马克思和恩格斯提出要在未来共产主义社会确立公有制，唯有如此才能使社会生产力及其成果不断增长，足以保证每个人的一切合理的需要在越来越大的程度上得到满足，马克思和恩格斯由此提出科学社会主义理论，揭示了资本主义最终被社会主义取代的历史发展的必然性。恩格斯指出，我们的目的是要建立社会主义制度，给所有人提供充裕的物质生活和闲暇时间，给所有人提供真正的充分的自由。马克思恩格斯指出，在新的社会制度中，社会生产力的发展将如此迅速，生产将以所有人的富裕为目的。

马克思和恩格斯不仅指明了建立社会主义制度的目标是实现共同富裕，同时对社会主义社会如何实现共同富裕也作出了美好设想：一是建立无产阶级政权，"无产阶级将利用自己的政治统治，一步一步地夺取资产阶级的全部资本，把一切生产工具集中在国家即组织成为统治阶级的无产阶级手里"；二是大力发展社会生产力。全体劳动者联合起来共同使用公有制的生产资料进行社会化生产，尽可能快地增加生产力的总量，使社会生产力及其成果不断增长，生产出来的总产品一部分作为公有制的生产资料重新投入到生产之中，另外一部分则供全体劳动者消费，至于每一个个体劳动者消费份额的多少则由其在劳动中消耗的时间来决定，多劳多得，少劳少得，严格遵循按劳分配原则。

2）马克思主义中国化时代化视阈下的共同富裕思想

中国共产党自成立之日起就把马克思主义作为根本指导思想，把为中国人民谋幸福、为中华民族谋复兴作为自己的初心使命，把马克思主义关于共同富裕的思想同中国的具体实际相结合、同中华优秀传统文化相结合，形成了中国化时代化的共同富裕思想。

新民主主义革命时期，面对帝国主义、封建主义和官僚资本主义的重重压迫，中国共产党的主要任务是推翻压在中国人民身上的"三座大山"，在争取民族独立和人民解放的过程中孕育了共同富裕的思想萌芽。针对农民占当时中国人口大多数的这一现实情况，为了使广大农民尽快摆脱贫穷落后以及被奴役剥削的地位，我们党提出了"打土豪、分田地"的口号以及依靠贫雇农，团结中农，有步骤、有分别地消灭封建剥削制度，发展农业生产的土地革命路线，实现"耕者有其田"。最终党领导人民推翻了"三座大山"，取得了新民主主义革命的胜利，为实现共同富裕奠定了政治前提。

新中国成立后，1953年12月，我们党在《中国共产党中央委员会关于发展农业生产合作社的决议》中第一次正式提出"共同富裕"的概念，文件中明确提出，党在农村中工作的最根本任务就是"使农民能够逐步完全摆脱贫困的状况而取得共同富裕和普遍繁荣的生活"。

此后，以毛泽东同志为主要代表的中国共产党人围绕社会主义建设、实现共同富裕提出了一系列重要思想，例如，实现共同富裕必须走社会主义道路，必须有发达的生产力作为物质基础，在实现共同富裕进程中，不能出现两极分化现象；现在我们实行这么一种制度，这么一种计划，是可以一年一年走向更富更强的，一年一年可以看到更富更强些。而这个富，是共同的富，这个强，是共同的强；在农村中消灭富农经济制度和个体经济制度，使全体农村人民共同富裕起来。这些思想为改革开放和社会主义现代化建设新时期进一步推进共同富裕奠定了坚实基础。

改革开放以后，以邓小平为主要代表的中国共产党人紧紧围绕"什么是社会主义、怎样建设社会主义"这一重大时代课题，对共同富裕的理论与实践问题作出了深入的探索。1985 年 3 月，邓小平指出：社会主义的目的就是要全国人民共同富裕；不是两极分化。随后针对共同富裕提出了一系列重要论断：社会主义财富属于人民，社会主义的致富是全民共同致富。社会主义原则，第一是发展生产，第二是共同致富；社会主义的特点不是穷，而是富，但这种富是人民共同富裕；社会主义不是少数人富起来、大多数人穷，不是那个样子。社会主义最大的优越性就是共同富裕，这是体现社会主义本质的一个东西。在 1992 年南方谈话中邓小平进一步指出，社会主义的本质是解放生产力，发展生产力，消灭剥削，消除两极分化，最终达到共同富裕。由此，共同富裕成为了社会主义的本质要求。

党的十三届四中全会以后，以江泽民同志为主要代表的中国共产党人对社会主义市场经济条件下如何推进共同富裕进行了大胆的探索，明确提出了实现共同富裕"是社会主义的根本原则和本质特征"。党的十六大以后，以胡锦涛为主要代表的中国共产党人，强调"把维护社会公平放到更加突出的位置"，"使全体人民共享改革发展的成果，使全体人民朝着共同富裕的方向稳步前进"。这些都进一步丰富了共同富裕的思想内涵，不断将共同富裕推向前进。

中国特色社会主义进入新时代，以习近平同志为核心的党中央坚持以人民为中心，把实现人民对美好生活的向往作为现代化建设的出发点和落脚点，着力维护和促进社会公平正义，围绕新时代实现共同富裕提出了一系列重大战略思想，着力促进全体人民共同富裕，坚决防止两极分化。习近平总书记在党的十九大报告中明确提出了实现共同富裕的"两步走"奋斗目标；党的十九届五中全会对实现共同富裕提出了更为具体的目标要求；在2021年8月召开的中央财经委员会第十次会议上，习近平总书记对实现共同富裕进行了新的规划部署；党的十九届六中全会把"逐步实现全体人民共同富裕"作为中国特色社会主义新时代的重要特征之一；党的二十大报告把实现全体人民共同富裕作为中国式现代化的重要特征之一，强调"中国式现代化是全体人民共同富裕的现代化"。这些都构成了新时代共同富裕思想的主要内容。在这一思想的指导下，以习近平同志为核心的党中央带领全国人民打赢脱贫攻坚战，全面建成小康社会，向着共同富裕扎实推进。

由此可以看出，实现全体人民共同富裕是以中国式现代化推进中华民族伟大复兴的必然要求。那么，作为衡量"教育是否公平"的重要表现指标之一，教育代际流动性与共同富裕之间存在什么样的关系呢？教育代际流动性的提高是否能够促进共同富裕的实现？马克思主义共同富裕思想和马克思主义中国化时代化的共同富裕思想为本书研究教育代际流动及其微观效应提供了理论指导，为进一步完善教育代际流动指明了方向，提供了根本遵循。

2.1.2　教育代际流动性的相关理论分析

1）马克思主义教育公平思想

马克思恩格斯对教育公平并没有专门的论述，而是散见于其各著作当中。作为马克思主义理论的重要组成部分，马克思主义教育公平思想是一定历史时期的产物。马克思恩格斯所处的时代是资本主义原始积累的阶段，在这个时代，工人阶级被资产阶级无情压榨和剥削，社会两极分化十分严重，工人阶级为争取自身权利展开了一系列斗争，其中争取平等的受教育权是工人运动的重要内容之一，这也成为马克思主义教育公平思想的逻辑起点。针对资本主义对教育本质的异化和对教育功能的异化，马克思恩格斯对各种非马克思主义思潮和资本主义制度进行了批判，并在批判中形成了马克思主义教育公平思想。这一重要思想的内涵包括以下几个方面：

教育公平的最高目标是实现人的自由而全面的发展。在资本主义社会，资产阶级和无产阶级之间存在严重对立关系，教育资源掌握在少数资产阶级手中，成为维护资产阶级专制和宣扬资产阶级意识形态的工具，在这种情况下，工人阶级接受的教育只是为了满足社会生产而进行的简单的认字，教育的本质和功能被异化，人的自由而全面的发展受到严重阻碍。马克思恩格斯教育公平思想对资本主义这种片面的畸形的教育进行了批判，马克思在《资本论》中指出：未来教育对所有已满一定年龄的儿童来说，就是生产劳动同智育和体育相结合，它不仅是提高社会生产的一种方法，而且是造就全面发展的人的唯一方法。从中可以看出，马克思主义教育公平思想认为教育的目标应该是提升人的素质和能力最终实现人的自由而全面的发展。

教育公平的本质要求是人人享有平等的受教育权。马克思恩格斯认为，教育对每个人都是必要的，教育公平对社会公平是非常重要的，社会公平最基本的表现就在于每个公民享有的权利的公平，表现在教育领域就是受教育权的公平。马克思指出：国家出资对一切儿童实行普遍教育，直到他们能够成为独立的社会成员，这对穷苦的人们而言是一件公平的事情，因为每人都拥有着全面发展自身才能的权利。从中可以看出，马克思主义教育公平思想认为，受教育权是每一位社会成员都应该拥有的。

教育公平如何实现？马克思恩格斯对此也作了回答。在马克思恩格斯看来，实现教育公平的重要前提是要实现政治平等，资本主义社会中阶级之间彼此对立的政治关系在某种程度上决定着阶级之间教育地位的不平等，只有在共产主义社会中才能真正实现教育公平。实现教育公平还需要有高度发达的社会生产力作为物质保障，生产力决定生产关系，马克思恩格斯始终认为，只有社会生产力快速发展，达到一定高度，国家才能有足够实力发展教育，才能为每个人提供平等的受教育机会，才能实现教育公平。除此之外，马克思恩格斯认为实现教育公平还要有完善的法治体系作保障。

本书试图从教育代际流动性的角度研究教育公平，马克思主义教育公平思想揭示了教育公平的价值意涵、内在要求以及实现条件，为本书研究教育代际流动性奠定了重要的理论基础。

2）人力资本理论

人力资本理论是西方发展经济学的主要理论之一，最早由亚当·斯密在其《国民财富的性质和原因的研究》中提出，但当时由于知识所形成的生产力并未被广泛关注，无论是在农业还是工业领域，资本家最为关注的都是劳动者的数量而非质量，因此这时斯密对人力资本的理解还远没有形成理论体系。但不可否认的是，斯密对于人力资本的见解为人力资本理论的形成作出了重大的贡献，斯密从增加财富的角度认为财富可以通过两种办法获取，其中之一是提高劳动生产率，也即一国国民运用劳动的效率和熟练程度。斯密在其《国民财富的性质和原因的研究》一书中指出，学习是一种才能，须受教育，须进学校，须做学徒，所费不少，这样费去的资本，好像已经实现并且固定在学习者的身上。这些才能，对于他个人自然是财产的一部分，对于他所属的社会，也是财产的一部分。工人增进的熟练程度，可和便利劳动、节省劳动的机器和工具同样看作是社会上的固定资本。学习的时候，固然要花一笔费用，但这种费用，可以得到偿还，赚取利润。这其实就蕴藏着人力资本投资的概念。

德国李斯特在其《政治经济学的国民体系》中将财富增加的原因归结于一个人是否具有生产力，这里的生产力是指劳动者的技巧和熟练程度。如果一个人具有这样的生产力，那么他就可以生产大于他所消费的价值，他的财富就逐渐增加，相反，如果他不具有这种生产力，他所生产的价值小于其消费的价值，他的财富就会逐渐减少，也就会越来越贫穷。

约翰·穆勒也在其《政治经济学原理》中进一步指出劳动力取得的技能与知识也是提高劳动生产率的非常重要的因素，与工具和机器一样都应该包含在国民财富之中。西方微观经济学的创始人阿尔弗雷德·马歇尔在其《经济学原理》一书中指出所有资本中最有价值的投资是对人本身的投资。美国经济学家沃尔什于1935年发表的《人力资本观》一文中首次提出了"人力资本"这一概念，之后越来越多的学者开始关注人力资本投资并对其进行了深入的研究。

随着科学技术的发展以及广泛应用，斯密和李斯特等人对人力资本投资的见解到了20世纪60年代逐渐形成一种理论体系：人力资本理论。对这一理论体系有重大贡献的代表性学者是美国经济学家西奥多·W.舒尔茨和加里·S.贝克尔。而对人力资本要素的计量分析有突出贡献的则是爱德华·丹尼森。人力资本理论认为，资本有两种存在形式：物质资本和人力资本，物质资本和人力资本相对应，物质资本是指物质产品上的资本，而人力资本则是指蕴含在人身上的资本，知识、劳动能力以及各种技能等都是人力资本的表现形式。人力资本理论的主要贡献之一就是开辟了一种新思路：引导人们对人的生产能力进行分析。

1960 年，美国经济学会的会长舒尔茨在美国经济学年会上发表了题为《人力资本的投资》的演讲，他在演讲中指出，传统的经济理论认为，经济增长必须依赖于物质资本和劳动力数量的增加，然而，人的知识、能力和健康等人力资本的提高对经济增长的贡献远比物质资本和劳动力数量的增加重要得多。舒尔茨人力资本理论的核心是，人力资本是现代经济增长的主要因素，也是社会进步的决定性因素，掌握了知识和技能的人力资源是一切生产资源中最重要的资源，但同时人力资本的取得并不是没有成本的，人力资本的关键性投资在于教育，教育投资是人力资本最主要的部分。

贝克尔是除舒尔茨之外对人力资本理论有重要推动作用的经济学家，其著作《人力资本》被西方誉为"经济思想中人力资本投资"革命的起点，与舒尔茨从宏观角度论述教育及人力资本对经济增长的推动作用不同，贝克尔主要从微观角度对其进行了分析。丹尼森对人力资本理论的贡献主要在于通过精细分解计算出了人力资本积累即教育因素在国民收入增长中所起的作用。

继舒尔茨、贝克尔和丹尼森之后，又有一系列学者对人力资本理论进行了进一步的深入研究，丰富和发展了人力资本理论体系，这些学者中的代表性人物包括卢卡斯、罗默和斯宾塞等。他们采用数学模型，建立了以人力资本为核心的经济增长模型，卢卡斯通过将技术进步内生化建立了知识积累模型简称 AK 模型。罗默则直接将知识作为一个变量加入到模型中建立了罗默模型，并且，罗默强调，知识的积累具有两个重要的特征，其一是随着资本积累的增加，专业生产知识也会随之增加，其原因是随着资本的逐渐积累，生产规模也随之扩大，分工也逐渐细化，劳动者能够从生产中学到更多的专业知识；其二是知识积累具有外溢效应，这是因为知识随着生产规模的扩大而不断流通，企业之间相互获得知识从而使整个社会的知识总量增加。

人力资本理论的最初目的是论证人身上蕴含的资本可以促进经济的增长，而今，教育作为一种能够全面提高人力资本的工具，对经济的增长也起着极大的促进作用，舒尔茨在《教育和经济增长》一书中对教育和经济增长的关系进行了论证，论证结果表明，从1929年到1957年，美国经济增长的33%都来源于教育。可见，教育对人力资本和经济社会有着不可忽视的作用，诸多中西方经济学家都证实了对教育的投入是社会投资回报率最高的一种投入，不仅如此，教育对个人及其家庭也是一种回报率非常高的投资。从以上学者对人力资本理论的研究中可以推断，教育既能够为个人及其家庭带来财富，提高其经济地位，又能促进经济社会发展。对人力资本投资的来源包括家庭和政府，那么，根据代际传递的思想，受教育水平和收入水平比较高的家庭也就有能力提高其对下一代的人力资本投资水平，从而提高子代的受教育水平和收入水平，低教育水平和低收入水平的家庭就需要政府资助，否则，代际传递就会增强，社会不公平程度就会持续扩大。

3）代际传递理论

代际传递理论主要探究以教育和收入为代表的家庭背景对子女受教育水平的影响。代际传递理论认为，受教育水平较高的群体不仅可以借助教育使自己获得一个较为上层的社会地位，同时可以通过代际传递将这种优势的社会地位和教育资源传递给子代，使得子代获得更高的教育水平和社会地位。这个理论同时强调，当子女处于较低水平的教育阶段时，家庭背景所起的作用会非常大，但随着子女由低教育阶段向高教育阶段的转变，家庭背景在其中所起的作用就会逐渐减弱。对这一理论解释的研究贡献较大的有生命历程变化理论、最大维持不平等理论以及有效维持不平等理论。

（1）生命历程变化（life course changes）理论

Muller 和 Karle 于 1993 年提出了生命历程变化理论，用以解释随着子女从低教育水平向高教育水平转变的过程中，家庭收入等家庭背景在其中所起的作用逐渐弱化的原因。他们认为孩子和父母之间关系的变化可能是这种模式的根源。随着子女从小学升入初中，从初中升入高中，再从高中升入大学，在每次转变中子女在经济和社会上对父母的依赖也逐渐减少。如果子女在以后的过渡阶段不那么依赖父母，那么家庭社会背景对于决定谁接受额外教育就不那么重要了。

（2）最大维持不平等（maximally maintained inequality，MMI）理论

Raftery 和 Hout 提供了第二种解释（Raftery 和 Hout，1993；Hout、Raftery 和 Bell，1993），他们认为，家庭背景在代际之间的这种效应可以用最大维持不平等理论来解释，该理论包括四个方面。第一，在其他条件不变的情况下，中等和高等教育的扩张反映出了两种因素所导致的教育需求的增加：人口增长和向社会上层流动的渴望。第二，如果学校录取人数增长快于人们对教育需求的增长（需求是根据人口水平和社会阶层背景构成预期的教育数量），那么下层阶级的人将获得更多的教育机会。但是，即便如此，社会阶级效应仍然没有改变，家庭背景在其中起到的作用依然没有变化。第三，如果上层阶级普遍获得了某一水平的教育，那么家庭背景对这种转变的影响就会随着时间的推移而下降，但只有在教育扩张无法以其他方式维持的情况下才会如此，也就是说只有上层阶级的需求饱和之后，教育资源才会向中层和下层倾斜，否则教育不公平现象会一直以这种最大化的方式来维

持（这一理论也由此得名）。第四，家庭社会背景下降效应可以逆转为家庭社会背景上升效应。如果公众或政府对某一教育层级的支持减少，那么家庭的社会阶层效应将增加。

MMI理论解释了家庭社会背景效应在不同群体之间的变化。但是，MMI理论可能与理解家庭背景在教育阶段转变中的效应模式有关。在这种情况下，最重要的是MMI理论的第四条规则，当公众或政府对某一特定教育水平的支持发生变化时，家庭社会背景对完成这一教育阶段转变的影响也将发生变化。值得注意的是，如果实现某种转变的支持率下降，那么家庭背景对实现这种转变将变得更为重要。如果对某一特定转变的支持有足够的变化，MMI理论认为，家庭背景对教育后期阶段的转变实际上可能比前期转变更为重要。这是MMI理论和生命历程变化理论的关键区别：生命历程变化理论强调随着儿童年龄的增长，他们越来越独立于父母，而MMI理论意味着青少年的独立性本身取决于社会政治环境和由此产生的对特定教育水平的社会支持。相比于生命历程变化理论，MMI理论更贴合现实，但其更多注重教育的数量而忽略了教育的质量。

（3）有效维持不平等（effectively maintained inequality，EMI）理论

该理论是由 Lucas 于 2001 年提出的，有效维持不平等理论假定社会上处于有利地位的行为者为自己和他们的子女在任何可能具有优势的地方获得某种程度的优势。一方面，如果数量差异普遍，社会经济优势者将获得数量优势；另一方面，如果质量差异普遍，社会经济优势者将获得质量优势。只要某一个特定的教育水平不是普遍的，社会经济上有优势的人就会利用他们的优势来保证这个水平的教育。然而，一旦这种教育水平普及，在社会经济方面处于有利地位的人就会找出这一水平上的任何质量差异，并利用他们的优势，确保获得在数量上相似但质量上更好的教育，从而表现出教育质量的不平等。

以上三种理论都肯定了家庭教育以及收入背景在子女获得的教育水平中所起的非常重要的作用，三者的区别在于：生命历程变化理论认为随着子女从低教育水平向高教育水平的过渡，家庭背景对子女的教育获得所起的作用会逐渐减弱。最大维持不平等理论则认为只有当整个社会都普遍获得了某一层次的教育之后，家庭背景在这一层次教育水平上的影响才会减弱，如果政府或公众对某一阶段的教育给予的支持减少，家庭背景在这一阶段中所起的作用就会增强，而不论这一阶段处于教育的前期还是后期。有效维持不平等理论则认为教育的竞争从未停止，如果教育数量有差异，处于优势地位的群体就会获得数量优势，而如果教育质量有差异，那么处于优势地位的群体就会获得质量优势。由此可见，教育在代际之间的传递是子代教育成就的一个重要因素，教育代际流动性的高低能够反映出教育是否公平以及如何改善，这为本书研究教育代际传递提供了重要的理论基础。

4）社会分层理论

社会分层是西方社会学研究的重要领域之一，分层最初是地质学的专用名词，用来指地质结构的不同层面，后来社会学家发现人类社会也存在不同的层级，人与人之间、不同的群体之间在社会地位、财富、权力等方面存在高低不等的若干等级，因而将其用于社会结构，从而形成了社会分层理论。关于社会分层理论的研究比较丰富，按照时间顺序可以分为古典社会分层理论、现代社会分层理论和社会分层的前沿理论。

（1）古典社会分层理论

古典社会分层理论包括马克思主义社会分层理论、韦伯"三位一体"社会分层理论和涂尔干社会分层理论。

马克思主义社会分层理论认为，在资本主义社会发展的过程中，由于资源禀赋的不同导致财富逐渐集中于一部分人手中，占有生产资料的少数资本家通过所有权和使用权雇用依靠出卖劳动力来维持基本生活的大多数群体，随着劳动力市场上供给逐渐大于需求，劳动力的过剩使得资本家可以通过降低劳动者的工资的方式对其进行剥削，导致这些劳动者处于更加贫困的境地，从而整个社会就出现了资产阶级和无产阶级两个层次，由此可见生产资料和劳动的占有关系是马克思将社会划分为不同层级的标准。当然，马克思并不否认由农民、小生产者、小手工业者和小业主等组成的"中间阶级"的存在，但其认为这个阶层的群体最终也会沦为资产阶级的工具并加入到无产阶级的层级中。

韦伯"三位一体"社会分层理论则认为，马克思将经济水平作为分层标准是必要的，但是社会是由经济、政治和文化等多层面组成的一个统一体，仅仅从经济地位将社会进行分层是不够严谨的，声望和权力也会造成社会不平等，因此韦伯认为应该从财富、声望和权力这三个角度来考察一个社会的不同层级。韦伯对社会分层的论述主要集中于《地位群体和阶级》和《阶级、地位群体和政党》两篇文章，和马克思主义社会分层理论相似，韦伯也把根据财富进行划分的不同群体称为阶级。他认为在商品或劳动力市场上拥有相同机会的人构成了同一个阶级，而这种机会则取决于其所拥有的物品和收入；声望则是由各种主观因素例如出身、知识教养、仪表风貌等决定的，拥有不同声望的人构成了不同的层级；而权力作为一种为实现自身意愿而支配他人的能力，也将社会分为了不同的层级，权力反映了政治领域的不平等，在现代社会，权力是管理部门中的各种管理职位。

涂尔干并没有从分层标准的角度来探讨社会分层，而是从实证主义的角度研究了社会出现不平等的原因，涂尔干认为社会制度类似于人体的各个器官，一个社会能否有效运转，关键在于各部分之间能否协调运转。随着社会分工越来越复杂，不同职业之间越来越倾向于通过公平契约来维系，整个社会逐渐由"机械团结"向"有机团结"转变，社会不同层级的不平等程度也会逐渐减小。

（2）现代社会分层理论

现代社会分层理论则包括功能主义社会分层理论、莱特的新马克思主义阶级论和新韦伯主义阶级论。

戴维斯和莫尔是功能主义社会分层理论的主要代表人物。该理论认为在任何一个社会中，总有一些职位的重要程度高于另外一些职业，例如教师、医生等的重要程度高于清洁工、售货员等，他们拥有更多的技术和能力，那么这些重要职位上的人在其从事这个职业之前一定付出了更多的努力和成本，因此雇用这部分人的雇主也必须支付更多的报酬或者给予其更多的权力。拥有更重要职位和更高薪酬的人与其他人之间就产生了差距，形成了社会上不同的阶层，但是这种差距是无法避免的，而且适当的差异对社会有一定的积极影响。

普兰查斯和布雷弗曼等学者针对马克思社会阶级论提出了不一样的看法，他们认为资本主义社会不仅仅包括资产阶级和无产阶级两大对立的阶级，还包括由小业主、管理者以及半自主性雇员等组成的中间阶级，而且这个中间阶级并不像马克思认为的最终沦为无产阶级，而是会长期存在，这就形成了新马克思主义阶级论。新韦伯主义阶级论的代表性理论包括帕金的"社会封闭论"和戈德索普的"阶级划分原则理论"。社会封闭论认为，社会封闭的目的是实现自身利益的最大化，"排他"和"内固"是封闭社会实现不同阶层之间分化的两种机制，"排他"机制起了稳定现有社会分层秩序的作用，而"内固"机制则起了破坏的作用。

戈德索普在韦伯的"三位一体"阶级划分原则的基础上提出了"阶级划分原则理论"，该理论指出划分个体所在阶级的标准有两个：阶级状态和工作状态，阶级状态由社会关系决定，工作状态则由职业决定。戈德索普同时给出了不同阶级的划分方法，首先将社会划分为体力劳动者和非体力劳动者，然后再将其划分为公务员阶级、工人阶级、普通雇员和小业主等组成的中间阶级。除了上述分类标准以外，帕累托将社会分为"治理精英"和"非治理精英"两个阶级，莫斯卡将其分为统治阶级和被统治阶级，米歇尔则提出了"寡头统治定律"，即任何社会都是由寡头统治的。

（3）社会分层的前沿理论

作为前沿理论的代表性人物，布迪厄根据拥有文化资本、经济资本、符号资本和社会资本的多少将社会分为不同的层级，处于中间阶层的人口数量最多，资本的变化决定社会流动和发展的方向。布迪厄将文化资本引入其理论中，特别强调了文化资本的重要性，他认为，文化资本和经济资本一样可以在代际之间传递，对子代文化资本的积累具有重要的影响，进而影响子代的收入和社会地位等，而文化资本的积累则要依靠教育，学校和家庭则是提供教育的重要机构。

2.1.3 代际流动性微观影响的相关理论分析

1）社会流动理论

社会流动与社会分层之间存在密切的联系，如果说社会分层是指一个国家或者地区不同群体由于对资源的占有不同而形成的一种高低不等上下有别的层级体系的话，那么社会流动则是指一个人或一个群体从一个层级向另一个层级的社会位置的转变。

针对社会流动理论的研究，最早可以追溯到1927年，社会学家Pitirim A. Sorokin发表了名为《社会流动》的著作，首次用现代系统观点阐述了社会流动，奠定了社会流动在社会学中的重要地位。Sorokin认为社会流动是指社会成员在整个社会结构中社会位置的相对变化，这种社会位置的变化包括水平变化和垂直变化，也即水平流动和垂直流动。水平流动是指社会位置在同一个阶级内部的变化，这种流动不是质的流动，不会导致个人所属阶级的变化，例如从一个职业团体向另一个职业团体的流动，而垂直流动则不同，垂直流动的结果会带来个人所属阶级和社会地位的变化，要么阶级属性和社会地位上升，要么下降，如果个人从较低的社会地位向较高的社会地位流动则成为向上流动反之则是向下流动。垂直流动尤其是向上流动是非常困难的，诸多社会学研究表明，在任何一个资本主义社会中，垂直流动都是一个非常弱的社会过程。Sorokin 将发生流动的原因归结于以下三个方面：第一是环境因素例如科技进步和教育发展等的变化，第二是人口本身的特质，第三是父母和子女能力的不同。

继 Sorokin 之后，一些学者将社会流动分为代间流动和代内流动。代间流动即本书所说的代际流动，是指父代与子代之间职业、社会阶层和地位以及价值体系是否发生变化，主要用以考察父代与子代之间社会阶层和地位的关系，即父代社会地位对子代的传递效应或者子代对父代社会地位的继承效应。1960 年布劳和邓肯通过实证研究以及对美国社会白领、蓝领和农民之间的阶层固化研究发现，影响一个人成功的原因除了所谓的天赋以及后天的勤奋努力之外，父代所出现的不平等在子代中会重复出现，这种不平等对其成功与否会产生很大的影响。Featherman 等人从提高社会流动率的视角指出，在 FJH（Featherman-Jones-Hauser）假设前提下，美国和澳大利亚社会流动率不同主要是由代际之间社会结构变动引起的，而非同一代中职业阶层的相对流动，对子代社会地位具有持久性影响的因素包括代际继承指数的强弱以及代际流动距离的长短。

关于社会代际流动性的强弱对个人造成的影响，理论方面可以追溯到 Pitirim A. Sorokin 在 20 世纪 20 年代的经典研究，该研究强调了代际向上流动对社会的好处（例如，增加了创新和适应的潜力），但他也指出，这种发展可能给向上流动的个人带来心理成本，因为他们离开已经融入的社会阶层，进入一个不太熟悉的新阶层。Sorokin 将社会流动——无论朝哪个方向——描述为一种破坏性的社会体验，它会造成压力，并可能破坏福祉，即著名的分离假说。根据他的观点，社会阶层的流动性和幸福感之间有着直接的联系，"任何社会阶层的变化——无论是上升还是下降——都是令人费力的，因为流动的个人被从他们最熟悉的位置连根拔起，难以适应他们的新阶层地位，无法习惯他们当前社会阶层的规范、价值观和预期行为"（Houle，2011）。这个假设基于两个前提。首先，向上流动被认为是一个生活事件，涉及变化，可能导致身份不一致，并伴随着各种不利影响。这个论点与归属感方面的阶级认同有关（Centers，1949；Jackman 和 Jackman，1973）。因此，向上流动是有压力的，也是慢性压力的原因之一，最终会导致精神问题——表现为主观幸福感减少。其次，社会阶级地位改变后的社会隔离是福祉下降背后的另一个关键因素（Ellis 和 Lane，1967），因为社会隔离伴随着社会资本的缺乏（Bourdieu，1986；Coleman，1988）。在早期的压力理论和临床研究（Holmes 和 Rahe，1967；Houle，2011）中，也提出了关于流动性对精神和身体健康的负面影响的两个明确假设。相反的假设是基于这样一种观点，即人们越来越重视儿童的成就，教育愿望的提高和至少维持或最好超过父母成就的压力随之增加。各代人平均教育水平不断提高的趋势，增加了无法与父母的成就相匹配的成本。从这个角度来看，向上流动被认为是心理上的恩惠而不是成本或代价（Goldthorpe，1980），向下流动被认为会带来消极的幸福感，因为根据 Newman1999 年提出的 falling-from-grace 假设，它会产生个人失败的感觉。当向上流动成为规范的期望而不是例外时，缺乏流动实际上可能对福祉产生负面影响从而产生受挫的情绪。这些预测与 Michalos（1985）的多重差异理论（MDT）的预测一致，后者将主观幸福感描述为人们的愿望和他们所面临的期望与他们的成就之间的感知差异的函数。

社会流动理论的提出为本书分析教育代际传递的微观影响奠定了理论基础，当教育代际流动性发生变化时，社会各阶层之间的流动性也会发生变化，这种变化会导致一部分人离开原来所在的阶层，进入到一个新的阶层，这种阶层的转换必然会对人的主观感受产生影响。

2）盖茨比曲线

盖茨比曲线源于著名美国作家菲茨杰拉德的小说《了不起的盖茨比》，小说描述了20世纪20年代美国贫富差距扩大、社会阶层固化、社会道德危机日益严重的社会现象，出身于社会底层的青年盖茨比，为了追求富家千金，不断努力，试图挤入上流社会，却最终梦想破灭，结局悲惨。这个故事说明了即使在繁盛时期的美国，处于社会底层的人想要通过自身努力改变自己的社会地位也是非常困难的。受这部小说的启发，加拿大渥太华大学经济学家迈尔斯·克拉克提出了代际流动与收入差距之间的相关关系理论，并将其命名为"盖茨比曲线"，2008年诺贝尔经济学奖得主、普林斯顿大学教授保罗·克鲁格曼亦赞同"了不起的盖茨比曲线"的存在。

盖茨比曲线描述了这样一种经济社会现象，收入不平等程度较大的国家往往也是父母与子女之间经济优势和劣势传递比例较大的国家。图2-1给出了代际传递与收入不平等之间的关系。图2-1的横轴代表的是一个国家的收入不平等程度，收入不平等程度是以经济合作与发展组织（以下简称经合组织）提供的1985年左右家庭可支配收入计算出的基尼系数来衡量的，基尼系数越大代表收入不平等程度越高。在20世纪80年代早期到中期，芬兰、瑞典、挪威和丹麦是最平等的，英国和美国是最不平等的。图2-1的纵轴是衡量两代人之间经济流动性的指标：父亲收入与儿子成年后收入之间的弹性。纵轴使用的数据是20世纪60年代初期至中期出生的一批儿童的数据，并衡量这些儿童20世纪90年代中期至后期的收入。从图2-1中可以看出，在像芬兰、挪威、丹麦这样的国家，父母的经济地位和孩子成年后的收入之间的联系是最弱的：一个父亲在他的时代所拥有的经济优势或劣势，只有不到五分之一遗传给成年后的儿子。而在意大利、英国和美国，大约50%的优势或劣势被继承。在中国，父代优势或劣势被遗传给子代的比例更大，大约60%。从图2-1中可以看出，收入不平等程度越低的国家，父代与子代之间的收入弹性也比较小，这也就意味着，收入不平等程度较低的国家，子代收入受父代收入的影响也较小，社会各阶层之间的流动性比较强。反之，在收入不平等程度较高的国家，代际之间收入弹性较大，社会阶层固化比较严重。教育作为人力资本积累最主要的一种方式，对收入的贡献非常大，因此教育代际传递的强弱能在一定程度上衡量社会阶层固化的程度以及社会贫富差距和社会公平程度。盖茨比曲线为本书从贫富差距角度研究教育代际流动性的外在影响提供了理论依据。

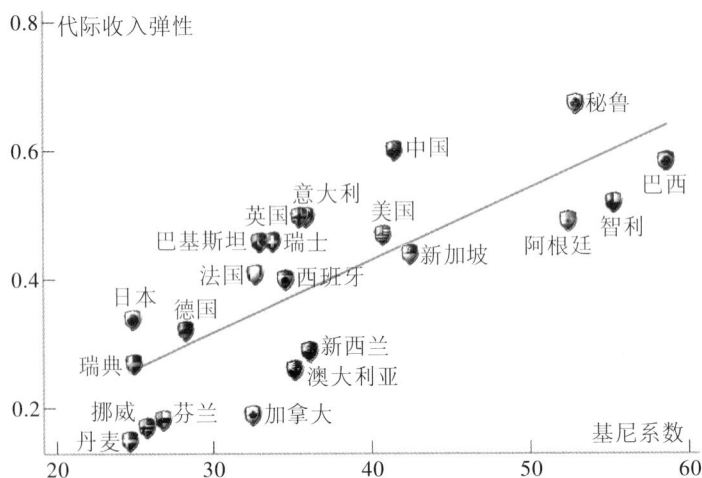

图2-1　盖茨比曲线[①]

①　CORAK M. Income inequality, equality of opportunity, and intergenerational mobility [J]. The Journal of Economic Perspectives, 2013, 27 (3): 79-102.

2.1.4 公共教育支出影响教育代际流动性的相关理论分析

1）市场失灵理论

市场失灵理论是英美财政学理论的重要基础，其理论渊源可以追溯到18世纪中后期，这一时期英国古典政治经济学的代表人物亚当·斯密提出了"看不见的手"的经济术语，斯密认为政府只需要负责法律和国防，市场自然会在"看不见的手"的引导下达到最优，李嘉图和穆勒等人则明确提出了市场和政府之间是对立关系的观点，到了20世纪30年代，英美等西方国家经历了历史上最为严重的经济危机，美国第32任总统富兰克林·罗斯福为解决此次危机颁布了一系列以政府干预市场为主要特征的财政政策，英国经济学家凯恩斯在1936年出版的著作《就业、利息和货币通论》中也从需求原理的角度主张政府干预市场，进而形成了凯恩斯主义理论，这是市场失灵理论的初步理论基础，1958年美国哈佛大学经济学教授Bator在其文章《市场失灵的剖析》中真正系统阐述了市场失灵理论。经过Pigou、Marshall、Samuelson、Stiglitz等人的不断补充与丰富，市场失灵理论已经成为当代主流的财政学理论基础。

市场失灵是指在现实的市场机制下，资源在许多场合下不能实现有效的配置，Bator将市场失灵解释为：现实世界中存在诸多信息不完善、惯性和变革阻力、税收成本、不确定性和不一致的期望、总需求的变化等情况，这导致市场不能达到"帕累托状态"。市场失灵理论认为：完全竞争的市场结构能够使资源得到有效的配置，但是由于完全竞争的市场所要满足的前提条件过于苛刻，现实中几乎无法实现，这样就会导致资源不能有效地配置，于是就出现了市场失灵。垄断、外部性、公共产品以及信息不对称或不完全是导致市场失灵的四大原因。当市场出现失灵时，就需要政府的介入。

按照产品的竞争性和排他性，社会产品可以分为纯公共产品、准公共产品和私人产品等三种类型（严格地讲，准公共产品也属于公共产品的一种）。私人产品既具有排他性又具有竞争性，而公共产品则相反，既具有非排他性又具有非竞争性。非排他性是指消费者在对某种物品进行消费时不能或很难将其他消费者排除在对某种物品的消费之外，非竞争性则是指消费者消费某件产品时不会影响其他消费者从该种物品中获得利益。公共产品既具有非排他性又具有非竞争性，比如国防，每个人都可以从国家提供的国防服务中获得安全保障，一个消费者在享受这种安全保障服务的同时并不会影响其他消费者从这项服务中获得利益，但同时也不能将某些消费者排除在这项服务之外或者说排除的技术成本非常高以至于很难将其排除在外。而准公共产品介于公共产品和私人产品之间，既有公共产品的特点又具有私人产品的特点，准公共产品具有有限的竞争性和有限的排他性。教育是一种准公共产品，具有有限的非竞争性和非排他性，这是因为多一个学生，每个学生所享受到的教育服务就会减少，而且还可以通过学费以及录取通知书等将某些学生排除在学校教育之外。

除此之外，教育还具有正外部性、公益性和普惠性。作为一种准公共产品，教育具有公共产品的一些特点，比如外部性，在经济活动中，当一个经济主体的经济活动对他人造成了影响，却没有因此而给予相应的支付或得到相应的赔偿时，就产生了外部性。外部性可以分为正的外部性和负的外部性，正的外部性是指经济主体的活动使得他人获得了额外的经济利益但受益者并没有支付相关的费用，比如俗语所说的"前人栽树，后人乘凉"，一个人在门前栽了一棵树，别人享受到了树下乘凉所带来的好处但是却没有给予种树人任何的费用。相反，负的外部性是指经济主体的活动给他人带来了有害的影响，比如一些人在公共场所制造噪声，这个活动给其他人带来了损害但是却并没有给予周围人补偿。教育具有很强的正外部性，这表现在以下几个方面，一方面优质的教育有利于儿童自身各方面的发展及其家庭的和谐幸福，研究表明儿童每增加一年的教育尤其是学前教育，其工作后的收入就会提高 7～17 个百分点，更有研究表明，居民受教育水平越高，其主观幸福感也越高，家庭也更加和谐稳定；另一方面教育对促进经济增长、增强社会信任、降低犯罪率等都有非常重要的作用。教育的公益性和普惠性体现在我国对教育的各种政策规定上。《中华人民共和国教育法》第八条规定：教育活动必须符合国家和社会公共利益。凡依法举办的教育，包括基础教育有机组成部分的学前教育，都应符合社会公共利益。《国家中长期教育改革和发展规划纲要（2010—2020 年）》中提出：形成惠及全民的公平教育，坚持教育的公益性和普惠性。

鉴于教育本身所具有的准公共产品属性、正外部性、公益性和普惠性，如果将教育完全交给市场来提供，一方面会出现供给不足，许多儿童会丧失接受教育的机会；另一方面，家长对教育机构的信息不能完全掌握，对教育机构的质量优劣不能作出区分，较为贫困的家庭往往选择较便宜的教育机构，而随着私人的逐利性，便宜的教育机构在师资力量、办学条件等方面都劣质许多，市场失灵必然会加剧教育的不公平，损害整个社会的福利。因而，政府应该成为教育供给的主体。

2）财政分权理论

财政分权理论最早可以追溯到 20 世纪 50 年代，1956 年 Tiebout 发表的《A pure theory of local expenditure》成为财政分权理论领域的经典之作，此后，随着财政分权实践的不断深入，财政分权理论也日趋成熟，最终形成了第一代财政分权理论和第二代财政分权理论。

第一代财政分权理论的代表性人物是 Tiebout（1956）、Musgrave（1959）和 Oates（1972）。Tiebout 假设：①投票者可以完全自由流动，并将移居到他们所偏好的社区，在那里他们所设定的偏好模式将得到最大程度的满足；②假定投票者对收支方式之间的差异有充分的了解，并对这些差异作出反应；③有许多社区可供投票者选择居住；④不考虑由于就业机会造成的限制；⑤提供的公共服务没有任何外部经济或社区之间的不经济；⑥对于每种社区服务模式，都有一个最佳的社区规模。最后一个假设是，低于最佳规模的社区试图通过吸引新居民降低平均成本。在满足这些假设的情况下，居民会倾向于选择能够满足他们的偏好和需求的社区进行居住，这就是所谓的"用脚投票"理论。Musgrave（1959）认为财政的职能有 3 种：经济稳定和发展、收入分配和资源配置。他认为经济稳定和发展以及收入分配应该由中央政府来执行，这是因为地方政府没有足够的资金并缺乏相应的动力，而资源配置职能则应由地方政府来执行，这是因为不同地方的居民对公共服务的种类、数量和质量的需求都有所不同，地方政府更了解自己辖区居民的需求，如果把这一职能交给地方政府，那么就会提高公共服务供给的效率和提高居民的福利水平。Oates（1972）也认为在公共服务的供给上，中央政府应仅负责提供居民普遍偏好的公共服务，地方政府负责提供具有明显异质性的公共服务。综上可知，第一代财政分权理论认为由于居民对某些公共服务的需求存在异质性，而地方政府比中央政府更了解辖区居民的偏好，因而不同的公共服务应由不同层级的政府负责提供，即中央政府负责提供全国性公共服务，地方政府负责提供地方性公共服务。

第二代财政分权理论是在第一代财政分权理论的基础上发展完善而来的，第一代财政分权理论更侧重于公共服务的需求偏好和信息对称两个方面，第二代财政分权理论则将重心转移到了对政府和官员的激励机制上，因而也称市场维护型联邦主义，这一理论的代表性人物包括 Riker（1964）、Weingast（1995）、Mckinnon（1997）以及 Qian 和 Weingast（1997）。学者们认为一个国家成为联邦体制应具备以下 5 个特征：①国家由至少两级政府组成，并且各级政府之间相对独立，各级政府具有一定的自主权；②各级政府所拥有的自主权已经通过制度规定且被各级政府无条件遵守；③各辖区内部的经济管理均由地方政府负责；④只有在存在市场失灵的情况下，地方政府才对经济进行干预；⑤地方政府面临的预算约束是硬约束。第二代财政分权理论分析了如何激励地方政府发展地方经济，促进资源有效配置，进而考察制度建立的有效性。中国的财政分权是第二代财政分权理论的典型代表，20 世纪 80 年代我国社会主义市场经济体制确立以后，上级政府对下级政府的考核标准是 GDP 数量，考核的结果是政治晋升，政绩考核合格的官员可以获得政治上的晋升，这有效提升了地方政府发展本地经济的积极性，为中国经济的发展作出了巨大的贡献。

综上可知，居民对公共服务和产品的需求偏好是不同的，中央政府和地方政府具有不同的特性，因此如何更为有效地、更为均衡地为居民提供不同种类和不同数量的公共服务和产品成为了财政分权理论所要研究的主题。教育是一种准公共产品，如果各级政府对教育事权和支出责任的划分不够明确，势必会导致教育产品供给的不充分和不平衡，从而造成教育代际流动性在不同地区和不同群体之间存在较大差异，这为本书从各级政府教育事权和支出责任划分的角度探讨提高教育代际流动性水平和缩小教育代际流动性差异的建议奠定了理论基础。

2.2　相关理论模型

2.2.1　代际流动的基准模型——收入代际传递模型

本小节所分析的代际传递基准模型是在 Becker 和 Tomes（1979）以及 Solon（1992，1999，2004）的基础上根据本书所要研究的问题简化推导而来，对代际传递基准模型的阐述有助于从理论上理解和把握代际传递的经济学逻辑，也为本书从实证角度研究教育代际传递提供理论依据。

假设一个家庭 i 中只有一个父代和一个子代，以 g 表示父代，$g+1$ 表示子代，父代的终生收入 y_{ig} 分别用于自身消费 c_{ig} 以及对子代的人力资本投资 $I_{i,\,g+1}$，那么根据预算约束可得下述式子：

$$y_{ig} = c_{ig} + I_{i,\,g+1} \tag{2-1}$$

假设将对子代的人力资本投资 $I_{i,\,g+1}$ 转化为子代收入 $y_{i,\,g+1}$ 的技术是线性的，那么存在以下相关关系：

$$y_{i,\,g+1} = (1+r)I_{i,\,g+1} + E_{i,\,g+1} \tag{2-2}$$

其中 r 是人力资本转化为收入的系数，$E_{i,\,g+1}$ 代表除人力资本以外其他所有影响子代收入的因素的总和。

另外，家庭 i 的决策制定者也就是父代会将其收入 y_{ig} 在自身消费和对子代的人力资本投资之间进行分配以使其效用最大化，为了简化，本书假设其效用函数为柯布-道格拉斯形式的效用函数，如下式所示：

$$U_{ig} = (1-\alpha)logc_{ig} + \alpha logy_{i,\,g+1} \tag{2-3}$$

其中，α 位于 0 和 1 之间，其含义是相对于消费 c_{ig} 而言，决策者对子代人力资本投资的偏好。

上述效用最大化问题转化为：

$$\text{Max}: U_{ig} = (1 - \alpha)logc_{ig} + \alpha\log[(1 + r)I_{i, g+1} + E_{i, g+1}]$$

$$\text{s.t.} \ y_{ig} = c_{ig} + I_{i, g+1}$$

本书通过构造拉格朗日函数来求解上述最大化问题，具体过程如下所示：

$$L(c_{ig}, \ I_{i, g+1}, \ \lambda) = (1 - \alpha)logc_{ig} + \alpha\log\left[(1 + r)I_{i, g+1} + E_{i, g+1}\right] +$$

$$\lambda(y_{ig} - c_{ig} - I_{i, g+1}) \tag{2-4}$$

对变量求偏导可以得到：

$$\frac{\partial(L(c_{ig}, \ I_{i, g+1}, \ \lambda))}{\partial c_{ig}} = \frac{1 - \alpha}{c_{ig}} - \lambda \tag{2-5}$$

$$\frac{\partial(L(c_{ig}, \ I_{i, g+1}, \ \lambda))}{\partial I_{i, g+1}} = \frac{\alpha(1 + r)}{(1 + r)I_{i, g+1} + E_{i, g+1}} - \lambda \tag{2-6}$$

$$\frac{\partial(L(c_{ig}, \ I_{i, g+1}, \ \lambda))}{\partial\lambda} = y_{ig} - c_{ig} - I_{i, g+1} \tag{2-7}$$

解决上述最大化问题之前，本书假定 E_{i1} 为现实给定的，将上述 3 个式子赋值为 0，并解决如下 3 个方程：

$$\frac{\partial(L(c_{ig}, \ I_{i, g+1}, \ \lambda))}{\partial c_{ig}} = \frac{1 - \alpha}{c_{ig}} - \lambda = 0 \tag{2-8}$$

$$\frac{\partial(L(c_{ig}, \ I_{i, g+1}, \ \lambda))}{\partial I_{i, g+1}} = \frac{\alpha(1 + r)}{(1 + r)I_{i, g+1} + E_{i, g+1}} - \lambda = 0 \tag{2-9}$$

$$\frac{\partial(L(c_{ig}, \ I_{i, g+1}, \ \lambda))}{\partial\lambda} = y_{ig} - c_{ig} - I_{i, g+1} = 0 \tag{2-10}$$

可以得到：

$$I_{i, g+1} = \alpha y_{i, g} - (1 - \alpha)E_{i, g+1}/(1 + \gamma) \tag{2-11}$$

从式（2-11）中可以看出，父代的收入越高，其对子代的投资也越高，而系数 α 越大，父代收入转化为人力资本的比例也就越高。

将式（2-11）代入式（2-2）即可得到式（2-12）：

$$y_{i,\,g+1} = \beta y_{i,\,g} + \alpha E_{i,\,g+1} \tag{2-12}$$

其中 $\beta = \alpha(1 + \gamma)$，如果 $E_{i,\,g+1}$ 与 $y_{i,\,g}$ 相互正交，那么 β 即为父代收入与子代收入之间的相关系数，但事实上一般情况下很难满足，因此我们按照 Becker 和 Tomes（1979）的做法，将 $E_{i,\,g+1}$ 进行分解：

$$E_{i,\,g+1} = e_{i,\,g+1} + \mu_{i,\,g+1} \tag{2-13}$$

其中 $e_{i,\,g+1}$ 代表除了从父代那里得到的投资之外所能获得收入的禀赋（endowment），$\mu_{i,\,g+1}$ 代表"市场运气"（market luck），禀赋 $e_{i,\,g+1}$ 代表受先天、后天或两者共同影响的许多儿童特征的综合效应，用 Becker 和 Tomes（1979）的话来说，"儿童的禀赋取决于他们家庭的声誉和'联系'，取决于他们家庭的基因构成对儿童的能力、种族和其他特征的贡献，以及通过属于特定家庭文化而获得的学习、技能、目标和其他'家庭商品'。显然，天赋取决于父母、祖父母和其他家庭成员的许多特征，也可能受到其他家庭的文化影响"。

根据禀赋来源的这个特点，很自然地可以假定子女的禀赋 $e_{i,\,g+1}$ 与父母的禀赋 $e_{i,\,g}$ 之间是正相关的关系。事实上，Becker 和 Tomes 假设 $e_{i,\,g}$ 遵循一阶自回归过程：

$$e_{i,\,g+1} = \lambda e_{i,\,g} + v_{i,\,g} \tag{2-14}$$

其中 $0 < \lambda < 1$，$v_{i,\,g}$ 是一个白噪声，代表随机扰动。将式（2-13）和式（2-14）带入到式（2-12）中可以得到下式：

$$y_{i,\,g+1} = \beta y_{i,\,g} + \alpha e_{i,\,g+1} + \alpha \mu_{i,\,g+1} \tag{2-15}$$

式（2-15）即可视为经典回归方程，$y_{i,\,g}$ 和 $y_{i,\,g+1}$ 分别代表父代和子代的收入水平，$e_{i,\,g+1}$ 代表子代从父代那里所获得的除人力资本投资以外的禀赋，而 $\alpha \mu_{i,\,g+1}$ 则为经典误差项，由于子代所获得的禀赋难以准确衡量，因此诸多学者在测算代际收入弹性时常常将其略去。

从上述对代际收入传递模型的推导中可以发现，对人力资本的投资会影响其未来的收入，父代与子代收入之间存在联系的核心是人力资本在代际之间的传递，因此在上述框架下，代际之间收入传递的经济学逻辑就是人力资本的代际传递。

2.2.2　不含公共教育支出的教育代际传递模型

人力资本理论认为教育是人力资本的核心，因此教育代际传递本质上是人力资本在子代与父代之间的传递，由于对子代人力资本的投资可能来自家庭和政府，因此在阐述教育代际传递的理论模型时，本书将其分为不含公共教育支出的教育代际传递模型和含有公共教育支出的教育代际传递模型分别加以推导。本节分析了不含公共教育支出的教育代际模型。

根据Solon（2004）所构建的模型，假设每一个父代将其收入用于自身消费和对下一代的人力资本投资，则存在式（2-16）的相关关系，其中 y_{ig} 是家庭 i 中父代的收入，c_{ig} 为自身消费，$I_{i,\,g+1}$ 为对下一代的投资。

$$y_{ig} = c_{ig} + I_{i,\,g+1} \tag{2-16}$$

而对人力资本的投资，能够通过一种线性技术最终转化为人力资本，存在等式（2-17），其中 h_{ig} 代表人力资本，I_{ig} 代表私人投资。

$$h_{ig} = v + \theta I_{ig} + e_{i1} \tag{2-17}$$

另外，假设收入与人力资本之间是线性相关的，即：

$$y_{ig} = \mu + \rho \tag{2-18}$$

那么，根据柯布-道格拉斯效用函数，父代的效用水平可以通过下式表达：

$$U_{i0} = (1 - \alpha)log c_{i0} + \alpha log h_{i1} \tag{2-19}$$

根据效用最大化理论，上述效用最大化问题转化为：

Max：$U_{ig} = (1 - \alpha) logc_{ig} + \alpha log(v + \theta I_{ig+1} + e_{i1})$

s.t. $y_{ig} = c_{ig} + I_{i, g+1}$

本书通过构造拉格朗日函数来求解上述最大化问题，具体过程如下所示：

$$L\left(c_{ig},\ I_{i,\ g+1},\ \lambda\right) = (1 - \alpha) logc_{ig} + \alpha log(v + \theta I_{ig+1} + e_{i1}) + \lambda(y_{ig} - c_{ig} - I_{i,\ g+1})$$

$$(2-20)$$

对变量求偏导可以得到：

$$\frac{\partial(L\left(c_{ig},\ I_{i,\ g+1},\ \lambda\right))}{\partial c_{ig}} = \frac{1 - \alpha}{c_{ig}} - \lambda \tag{2-21}$$

$$\frac{\partial(L\left(c_{ig},\ I_{i,\ g+1},\ \lambda\right))}{\partial I_{i,\ g+1}} = \frac{\alpha}{v + \theta I_{ig+1} + e_{i1}} - \lambda \tag{2-22}$$

$$\frac{\partial(L\left(c_{ig},\ I_{i,\ g+1},\ \lambda\right))}{\partial \lambda} = y_{ig} - c_{ig} - I_{i,\ g+1} \tag{2-23}$$

解决上述最大化问题之前，本书假定 E_{i1} 为现实给定的，将上述3个式子赋值为0，并解决如下3个方程：

$$\frac{\partial(L\left(c_{ig},\ I_{i,\ g+1},\ \lambda\right))}{\partial c_{ig}} = \frac{1 - \alpha}{c_{ig}} - \lambda = 0 \tag{2-24}$$

$$\frac{\partial(L\left(c_{ig},\ I_{i,\ g+1},\ \lambda\right))}{\partial I_{i,\ g+1}} = \frac{\alpha}{v + \theta I_{ig+1} + e_{i1}} - \lambda = 0 \tag{2-25}$$

$$\frac{\partial(L\left(c_{ig},\ I_{i,\ g+1},\ \lambda\right))}{\partial \lambda} = y_{ig} - c_{ig} - I_{i,\ g+1} = 0 \tag{2-26}$$

可以得出父代的人力资本与对子代的投资之间是线性相关的：

$$I_{i1} = \alpha\theta\left(\mu + \rho h_{i0}\right) - (1 - \alpha)(v - e_{i1}) \tag{2-27}$$

进一步，由于转化为人力资本的技术是线性的，可以得出，子代人力资本与父代人力资本之间的关系也是线性的：

$$h_{i1} = \alpha\theta(v + \theta\mu) + \alpha\theta^2 \rho h_{i0} + (1 + \theta + \alpha\theta)e_{i1} \tag{2-28}$$

2.2.3 含有公共教育支出的教育代际传递模型

根据Solon（2004）所构建的模型，假设每一个父代将其税后收入用于自身消费和对下一代的人力资本投资，则存在式（2-29）的相关关系，其中y_{ig}是收入，τ为税率，c_{ig}为消费，$I_{i, g+1}$为对下一代的投资。

$$(1 - \tau) y_{ig} = c_{ig} + I_{i, g+1} \tag{2-29}$$

而对人力资本的投资，能够通过一种线性技术最终转化为人力资本。除了这部分私人投资之外，人力资本还依赖于政府投资，因此存在等式（2-30），其中h_{ig}代表人力资本，I_{ig}代表私人投资，G_{ig}代表政府投资。

$$h_{ig} = v + \theta I_{ig} + G_{ig} + e_{i1} \tag{2-30}$$

另外，假设收入与人力资本之间是线性相关的，即：

$$y_{ig} = \mu + \rho h_{ig} \tag{2-31}$$

那么，根据柯布-道格拉斯效用函数，父代的效用水平可以通过下式表达：

$$U_{i0} = (1 - \alpha) log c_{i0} + \alpha log h_{i1} \tag{2-32}$$

根据效用最大化理论，上述效用最大化问题转化为：

$$\text{Max：} U_{ig} = \left(1 - \alpha\right) log c_{ig} + \alpha log (v + \theta I_{ig+1} + G_{ig} + e_{i1})$$

$$\text{s.t. } y_{ig} = c_{ig} + I_{i, g+1}$$

本书通过构造拉格朗日函数来求解上述最大化问题，具体过程如下所示：

$$L\left(c_{ig}, \ I_{i, g+1}, \ \lambda\right) = (1 - \alpha) log c_{ig} + \alpha log (v + \theta I_{ig+1} + G_{ig} + e_{i1}) + \lambda \left(y_{ig} - c_{ig} - I_{i, g+1}\right) \tag{2-33}$$

对变量求偏导可以得到：

$$\frac{\partial\big(L\big(c_{ig},\ I_{i,\ g+1},\ \lambda\big)\big)}{\partial c_{ig}} = \frac{1-\alpha}{c_{ig}} - \lambda \tag{2-34}$$

$$\frac{\partial\big(L\big(c_{ig},\ I_{i,\ g+1},\ \lambda\big)\big)}{\partial I_{i,\ g+1}} = \frac{\alpha}{v + \theta I_{ig+1} + G_{ig} + e_{i1}} - \lambda \tag{2-35}$$

$$\frac{\partial\big(L\big(c_{ig},\ I_{i,\ g+1},\ \lambda\big)\big)}{\partial\lambda} = y_{ig} - c_{ig} - I_{i,\ g+1} \tag{2-36}$$

将上述 3 个式子赋值为 0，并解决如下 3 个方程：

$$\frac{\partial\big(L\big(c_{ig},\ I_{i,\ g+1},\ \lambda\big)\big)}{\partial c_{ig}} = \frac{1-\alpha}{c_{ig}} - \lambda = 0 \tag{2-37}$$

$$\frac{\partial\big(L\big(c_{ig},\ I_{i,\ g+1},\ \lambda\big)\big)}{\partial I_{i,\ g+1}} = \frac{\alpha}{v + \theta I_{ig+1} + G_{ig} + e_{i1}} - \lambda = 0 \tag{2-38}$$

$$\frac{\partial\big(L\big(c_{ig},\ I_{i,\ g+1},\ \lambda\big)\big)}{\partial\lambda} = y_{ig} - c_{ig} - I_{i,\ g+1} = 0 \tag{2-39}$$

可以得出父代的人力资本与对子代的投资之间是线性相关的：

$$I_{i1} = \alpha\theta(1-\tau)\big(\mu + \rho h_{i0}\big) - (1-\alpha)(v - e_{i1} - G_{i1}) \tag{2-40}$$

进一步，由于转化为人力资本的技术是线性的，可以得出，子代人力资本与父代人力资本之间的关系也是线性的：

$$h_{i1} = \alpha\theta\big(v + \theta(1-\tau)\mu\big) + \alpha\theta^2(1-\tau)\rho h_{i0} + (1 + \theta + \alpha\theta)(G_{i1} + e_{i1}) \tag{2-41}$$

由上述模型可知，子代人力资本与父代人力资本之间是线性关系，但是由于在实际中，人力资本无法衡量，而受教育水平又是人力资本的主要表现形式，所以诸多学者用受教育水平来衡量人力资本水平。

对比不含公共教育支出的教育代际传递模型和含有公共教育支出的教育代际传递模型，可以发现，政府不对子代的教育进行投资也即不含有公共教育支出时，父代与子代之间人力资本传递的系数是 $\alpha\theta^2\rho$，而加入公共教育支出之后，父代与子代之间人力资本传递的系数变为 $\alpha\theta^2(1-\tau)\rho$，由于 τ 为政府对家庭征收的收入所得税的税率，因此 τ 的数值在 $0 \sim 1$ 之间且大于零，那么 $1-\tau$ 必定小于 1，$\alpha\theta^2(1-\tau)\rho < \alpha\theta^2\rho$，由此可知，存在公共教育支出时，子代受教育水平受父代的受教育水平的影响就会变弱，教育代际流动性就会增强。

2.3 本章小结

本章论述了与共同富裕相关的理论包括马克思主义共同富裕思想和中国化时代化的马克思主义共同富裕思想；与教育代际传递相关的理论包括人力资本理论、代际传递理论和社会分层理论；与代际流动性的微观影响相关的理论包括社会流动理论和盖茨比曲线；与公共教育支出影响代际流动性相关的理论包括市场失灵理论和财政分权理论。人力资本理论、盖茨比曲线、社会分层理论、社会流动理论、共同富裕思想和教育代际流动的逻辑关系是，人力资本可以促进经济的增长，教育作为一种能够全面提高人力资本的工具，对经济的增长也起着极大的促进作用，而教育如同基因一样也能够在父代与子代之间传递，社会是由处于各种不同阶层的群体所组成，受教育水平在代际之间传递性的强弱决定了子代所处的社会阶层相对于父代的变化程度和方向，变化越大意味着教育代际流动性越强，子代和父代的社会阶层差距越大，对子代之间收入差距的影响也越大，另外，子代离开已经融入的社会阶层，进入另外一个新的阶层，这必然会对子代的主观感受产生影响，这为本书从收入差距、居民主观感受研究教育代际流动性对共同富裕的微观影响奠定理论基础。市场失灵理论则认为，教育作为一种准公共产品，如果仅由市场来提供，势必会造成供给数量和质量的不足和不均等，进而导致受教育水平在弱势群体的父代和子代之间进行传递，社会阶层固化，中国梦的实现也会受到阻碍。而财政分权理论则从政府间财政关系以及政府间事权和支出责任的划分这一角度论述了如何有效地实施分权才能均衡有效地提供公共产品和服务，这为政府干预教育以及通过完善公共教育支出与政府间教育事权和支出责任划分来提高教育代际流动性提供理论依据。

另外，本章还阐述了代际流动性的基础理论模型以及教育代际传递的理论模型，利用理论模型证实了父代与子代收入和人力资本之间存在的相关关系，为下文从实证角度探讨父代与子代受教育水平之间的关系奠定了理论基础，从理论模型中可以看出，子代的收入会受到父代收入的影响，而这种影响的本质则是人力资本在代际间的传递，人力资本理论认为，教育是人力资本的核心，也是人力资本积累水平的重要衡量指标，因而人力资本在代际间的传递就可以用父代和子代受教育水平的关系来衡量。本章为后续开展实证研究奠定了理论基础。

3

教育代际流动性的实证测度

对代际流动性的测度，已有文献更多从国家层面和城乡层面进行了研究，很少有研究关注城市内部教育代际流动性的大小和差异并对其进行科学的测度，本章在对各种流动性测算方法进行比较的基础上，通过数据检验了本书所使用的代际流动性测算方法——代际次序相关性方法所具有的统计优势，接着采用这种方法构建了各地区和城市层面的教育代际流动性指标，以此得到各地区和各城市不同受教育阶层的教育代际流动性水平，从而呈现出不同地区和城市的不同阶层之间教育机会不公平程度的特征事实。

3.1　代际流动性测度方法的比较

自从 Becker 和 Tomes 在 1979 年将代际流动的概念和模型引入经济学界，关于代际流动性测算的讨论就从未停止，代际流动性的测算方法主要分为两种，一种是较为广泛使用的代际收入弹性测算方法，另外一种就是代际次序相关性测算方法，除此之外，转移矩阵也提供了一种测算的方法。本节首先介绍了到目前为止经济学界关于代际流动性测算的各种方法，并探讨各种方法存在的优势与缺陷，然后通过中国数据比较本书所采取的代际次序相关性方法的统计优势，以期为下文采取这种方法测算我国的教育代际流动水平打下基础。

3.1.1　代际收入弹性测算方法

考虑如下基准模型

$$y_1 = \beta y_0 + e \tag{3-1}$$

在这里，下标 1 代表子代，下标 0 代表父代，y_1 和 y_0 分别表示子代和父代的永久收入的对数，参数 β 即为代际收入弹性也即 IGE，$(1-\beta)$ 衡量的就是代际流动性的大小，可以看出，β 的值越大，流动性就越弱，反之，β 的值越小，流动性就越强，社会就越接近理想状态。

事实上，想要精确衡量代际流动性的大小并不简单，这是因为很少有数据库可以提供父代和子代一生收入的信息，早期对代际弹性的估计倾向于使用父代和子代一年的收入，Solon（1992）和 Zimmerman（1992）证实了这种方法所带来的巨大偏差，并通过将父代四年或五年的平均收入作为其永久收入来进行测算，但是这种估计方法依然会产生如下两种偏误：

1）衰减偏误。一年或几年的收入是衡量一生收入的有偏指标，这会降低对代际持续性的估计。

假设 $y_{0a} = y_0 + v_a$，其中 a 是衡量父代暂时性收入时父代的年龄，误差项 v_a 是衡量父代暂时性收入与永久性收入之间的偏差，并且误差项 v_a 与永久性收入 y_0 不相关。

首先假设 v_a 是一个一次性的短暂冲击，那么只使用一年的收入数据时代际弹性的衰减因子等于 $\dfrac{var(y_0)}{var(y_0) + var(v)}$。

此时，通过最小二乘估计法得出的代际弹性估计结果为：

$$\hat{\beta} = (\frac{var(y_0)}{var(y_0) + var(v)})\beta \tag{3-2}$$

如果我们将父代收入替换为 T 年收入的平均值，那么衰减因子就变为 $\dfrac{var(y_0)}{var(y_0) + var(v)/T}$，从中可以看出，随着 T 的增加，衰减因子会迅速下降，估计的弹性系数也越接近于真实的弹性系数，这意味着，如果在衡量父代永久收入时，只存在一次性的短暂冲击，那么增加父代暂时性收入的观测期有助于提高父代永久性收入的精确度，从而减少偏误。

但如果 v_a 是一个持续性的短暂冲击，那么就有：

$$v_a = \delta v_{a-1} + \omega_a \qquad (3-3)$$

当 ω_a 满足 iid 条件，此时衰减因子变为 $\dfrac{var(y_0)}{var(y_0) + \gamma var(v)/T}$，此

时 $\gamma = 1 + 2\delta \left[\dfrac{T - \dfrac{1 - \delta^T}{1 - \delta}}{T(1 - \delta)} \right]$，从这个式子中可以清楚地看出，如果 $\delta >$

0，对于任何的 T 而言，衰减因子都会大于一次性短暂冲击的情况，这个时候，无论如何增加观测年限 T，都不会显著减少估计的弹性系数偏离真实弹性系数的误差。这就是衰减偏误的来源。

2）生命周期偏误。衡量儿童早期的收入可能会低估终生收入的代际持续性，因为终生收入高的儿童在年轻时收入状况的波动更大，这里就涉及了一个问题，如果用短期收入来作为永久收入的代理变量，那么哪个年龄段的收入最接近永久收入呢？

考虑由 Haider 和 Solon（2006）所建立的一个简单模型，假设父代和子代的收入均是其年龄为 a 时的收入，那么：

$$y_{0a} = \mu_a y_0 + v \qquad (3-4)$$

$$y_{1a} = \lambda_a y_1 + u \qquad (3-5)$$

这种将误差参数化主要是考虑到这样一个事实：在某些年龄段，一段时间的收入可能比其他年龄段更能代表一生的收入。假设这些误差项彼此之间以及与一生的收入均无关（这可能是一个比较强烈的假设，因为父亲和儿子可能有相似的职业路径），那么利用最小二乘方法估计出来的代际弹性是：

$$\hat{\beta} = \beta \left(\frac{\lambda_a \mu_a var(y_0)}{\mu_a^2 var(y_0) + var(v)} \right) = \beta \lambda_a \theta_a \qquad (3-6)$$

其中，$\theta_a = \dfrac{\mu_a var(y_0)}{\mu_a^2 var(y_0) + var(v)}$，

这个简单的模型有这样几个含义。第一，如果 $\lambda_a = \mu_a = 1$，那么这就是标准的变量误差模型，代际弹性存在衰减偏误。第二，即使 $\lambda_a = \mu_a = 1$，衰减偏误的程度也可能取决于父亲的年龄，这是因为 $var(v)$ 本身可能取决于年龄。Baker 和 Solon（2003）以及 Mazumder（2005）提供的证据都表明 $var(v)$ 在整个生命周期中存在变化，并且在 40 岁左右达到最小值。第三，θ_a 可以超过 1，并且随着 μ_a 的逐渐减小而越来越可能超过 1。因此，一般来说，代际弹性的偏误不一定是衰减偏误。第四，只要 μ_a 不等于 1，因变量 y_1 的测量误差就会引起偏误，而偏误的大小则取决于儿子的年龄。

当 λ_a 或 μ_a 在不同的年龄取不同的值时，生命周期偏误就会发生。这在实践中是一个非常重要的问题，因为数据的局限性使得父亲的收入可能在生命周期的较晚阶段测量，而儿子的收入通常在相对年轻的时候测量，只有当有了完整的职业生涯收入信息时，才有可能估算出每个年龄段的 λ_a 和 θ_a。

Haider 和 Solon（2006）表明，λ_a 可以简单地通过将 a 岁时的收入对数对终身收入现值的对数进行回归（如果能够观察到整个职业生涯的收入，那么就可以计算出这一收入）来估计。同样地，θ_a 也可以被估计出来，诸多研究结论认为当个体在 20 多岁时，λ_a 的估计值很低，其主要原因是，终生收入较高的个体通常收入增长较快，因此，低收入者和高收入者在职业生涯初期的收入差距往往低估了终生收入差距。这些估计结果表明，如果在分析中包括 30 岁以下子代的收入，可能会存在很大的偏误。

从以上对传统代际流动性的衡量方法的讨论中可以发现，采用代际收入弹性测算代际流动性有着如下几个方面的局限，一是由于永久收入获得的困难，因而使用单年收入会带来衰减偏误；二是即使采取多年收入的平均值作为永久收入的代理变量，增加衰减因子从而减少偏误，但是由于收入存在持续性的短暂冲击，这种方法依然存在较大偏误；三是由于生命周期偏误的存在，使用不同年龄段的收入所得到的结果有很大不同。另外，由于这种方法是对父代和子代的收入取对数，因此这种测算方法无法测算父代或子代收入为零的样本的代际流动性。从以上可以看出这种测算代际流动性的方法对数据的质量要求很高，追踪年限较长并且收入数据可靠的面板数据才能克服上述这些缺陷，对于现阶段的中国而言，符合上述条件的个人收入调查数据还比较缺乏。

3.1.2 转移矩阵

虽然大多数文献集中于估计代际收入弹性IGE，但这一衡量方法可能掩盖了在父母和子女收入联合分布的不同点中关于代际流动的细节。大量研究通过计算转换矩阵来衡量代际流动的程度（例如，Peters，1992；Zimmerman，1992；Isaacs，2008），这种方法是将收入分布五等分（或者四等分、十等分，这取决于研究结果），并计算处在全国父代收入分布中某一分位的父代的子代在全国子代收入分布中的平均地位。转移矩阵显示了子代收入处于给定的五分位数（四分位数，或十分位数，取决于研究结果）的概率，这取决于他或她的父亲在收入分布中的地位。除了提供整个分布的更多信息外，转移矩阵还允许我们比较整个收入分布的某一部分群体的流动率，而不仅仅是该群体的收入分布，这是使用代际收入弹性方法无法做到的，因而由这些转换矩阵所得到的代际流动的信息比使用代际收入弹性估计要复杂得多。另外，学者们还提出了一种衡量向上流动性的新方法——子代在收入分布中的百分比排名超过父代在收入分布中的百分比排名的概率。

与代际收入弹性测算方法相比，转移矩阵将父代和子代按照其在收入分布中的地位划分为不同的群体，并给出了位于不同分位数的父代的子代在所有子代中的地位，为代际流动提供了更多的信息，并且这种方法不需要对收入取对数，因而也可以测算子代或父代收入为零的样本的代际流动性。另外，使用代际收入弹性对样本的选择非常敏感，使用不同的样本所计算出的代际流动性相差较大，而使用转移矩阵的结果则稳定得多。

3.1.3 代际次序相关性测算方法

代际次序相关性（IRA）测算方法与转移矩阵的方法比较类似但又优于转移矩阵的测算方法，这种方法是通过衡量子代和父代在各自收入分布中的相对地位之间的关系来测算代际流动性，具体而言，根据子代在所有子代中的收入排名对子代进行排序，根据这些子代的父母在所有父代中收入的排名对其父母进行排序，然后将子代排名对父代排名进行回归，其斜率表明子代与父代在收入分布中的相对地位关系。在一般情况下，这种方法通过下式来估算代际流动性，

$$p_1 = \alpha + \beta p_0 + e \tag{3-7}$$

其中 p_1 是子代的收入在所有子代收入中的排名，p_0 是父代的收入在所有父代收入中的排名，β 即为代际次序相关性 IRA，β 越大，子代收入排名受父代收入排名的影响越大，代际流动性就越小，反之代际流动性就越大。

代际次序相关性测算方法最大的优势是，这种方法的测算结果并不会随着样本的变化而发生较大的变化，因而可以较为准确地衡量代际流动性的大小，接下来我们将利用中国数据来验证代际次序相关性方法所具有的统计优势。

3.1.4 代际次序相关性测算方法的统计优势

上一节已经从理论上分析了使用代际收入弹性来衡量代际流动性的缺陷，本节将根据中国数据来讨论相比于收入代际弹性，代际次序相关性所具有的统计优势。

1）两种测算方法对样本选择的敏感程度比较

首先我们将通过数据来比较代际收入弹性和代际次序相关性对于样本选择的敏感程度，这部分我们使用的数据是由北京大学中国社会科学调查中心（ISSS）提供的中国家庭追踪调查（China Family Panel Study，CFPS）数据库2010年的样本，该数据库是一项全国性的、大规模的社会跟踪调查项目，旨在反映经济、人口、教育以及健康等的变迁状况，其覆盖了除新疆维吾尔自治区、西藏自治区、青海、宁夏回族自治区、海南、内蒙古自治区以及港澳台之外的25个省、自治区和直辖市。

在比较这两种方法对于样本的敏感程度时，我们并未有意扩大样本量，当然，样本量越多，测算出的结果也就越接近真实值，但是我们在这里只是比较二者对于样本的敏感程度，也就是比较在不同的样本下，两者测算结果变化的幅度大小，因此如果小的样本量就能够满足需求，那么就没有必要再扩大样本量，但即使这样，本书依然对样本进行了处理以使其更接近真实值。在测算之前我们对数据进行了如下的处理，首先将成人样本中的父亲和孩子相匹配，之所以选择父亲，是因为一般而言父亲是家庭的决策者，而且由于数据限制，无法得到家庭的总收入，然后将成人中还在上学的样本删除，另外为了减少生命周期偏误，本书还将65岁以上不在劳动力市场的样本删除，父代和子代的收入是根据问卷中"去年，您个人的总收入大概是多少钱?"这一问题的答案来确定的，个人总收入这里指归入个人名下的各项收入的总和，包括工资性收入、从各种途径获取的津贴、补助、奖金，以个人名义租赁房屋取得的利息、个人名下的存款利息、股票/基金/债券分红以及以个人名义接受的各种赠予所折合成的人民币收入和借贷性收入等。经过匹配和清理，最终得到了3 064个样本，这其中也包括子代收入为零或者父代收入为零的样本，如果将子代收入为零和父代收入为零的样本均删除，最终剩下2 318个样本，关于子代和父代收入以及子代和父代年龄的描述性统计如表3-1所示。

表3-1 主要变量的统计性描述

		样本量	均值	方差	最小值	最大值
包括收入为0的样本	子代收入	3 064	12 590.48	16 719.11	0	300 000
	父代收入	3 064	12 022.45	21 551.95	0	800 000
	子代年龄	3 064	25.643	5.986	16	54
	父代年龄	3 064	52.477	6.885	35	65
不包括收入为0的样本	子代收入	2 318	13 928.77	15 891.52	1	200 000
	父代收入	2 318	13 581.8	16 694.7	1	296 676
	子代年龄	2 318	25.625	5.799	16	44
	父代年龄	2 318	52.421	6.730	37	65

资料来源：作者根据2010年《中国家庭追踪调查》数据库整理。

我们将样本分为全部样本、子代为男性的样本、子代为女性的样本、父亲婚姻状态为在婚的样本、父亲婚姻状态为离异的样本以及子代年龄在25~35岁之间的样本，并通过代际收入弹性和代际次序相关性这两种方法分别对其进行测算，另外我们还将子代收入为零的样本的收入赋值为1，并采用代际收入弹性对上述不同样本的代际流动性进行了测算，具体如表3-2所示，表中前两行是使用代际收入弹性指标衡量的结果，第三行是使用代际次序相关性指标衡量的结果，从表中可以看出，使用代际收入弹性的测算方法，流动性数值在0.229和0.464之间发生变化，而使用代际次序相关性方法测算的代际流动性最小值为0.145，最大值为0.191，不同样本下，使用代际次序相关性方法的测算结果的变化幅度明显小于采用收入代际弹性测算结果的变化幅度。

表3-2   不同样本不同方法下的流动性测算结果

		(1)	(2)	(3)	(4)	(5)	(6)
		全部样本	子代为男性	子代为女性	双亲家庭	单亲家庭	子代年龄25-35岁
子代收入对数（不包括收入为0的样本）	父代收入对数	0.324*** (0.022)	0.279*** (0.025)	0.464*** (0.044)	0.318*** (0.023)	0.462*** (0.005)	0.289*** (0.030)
子代收入对数（将收入为0的样本收入赋值为1）	父代收入对数	0.266*** (0.047)	0.229*** (0.052)	0.431*** (0.095)	0.266*** (0.049)	0.344* (0.200)	0.348*** (0.067)
子代收入排名	父代收入排名	0.147*** (0.020)	0.151*** (0.022)	0.191*** (0.031)	0.145*** (0.018)	0.158*** (0.084)	0.167*** (0.027)
观测值		3 064	2 085	979	2 922	142	1 308

注：*、**、***分别表示在10%、5%和1%的水平上显著，以下各表同。

上述研究结果表明，代际收入弹性的估计值对样本的选择、子代的收入、父代的收入等因素具有高度的敏感性。随着样本发生的细微变化，代际流动性的估计值也会随之发生很大的变化。相比之下，对父亲和子女在收入分布中的相对地位（即代际次序相关性IRA）的估计表明，对代际流动性的测算结果都比较稳定，这些结果对样本的选择以及父代和子代零收入的敏感程度远小于使用收入代际弹性下的估计结果。

2）两种测算方法对衰减偏误和生命周期偏误的敏感程度比较

上文中已经从理论上证明了使用不同年龄段的收入以及多年平均

收入会带来的生命周期偏误和衰减偏误，接下来，本书将比较在同样的偏误条件下，代际收入弹性和代际次序相关性这两种方法测算出的估计结果的敏感性。

在比较生命周期偏误条件下的敏感程度时，我们依然使用中国家庭追踪调查（China Family Panel Study，CFPS）数据库2010年的样本，我们将样本分为父代年龄小于45岁、45～50岁、50～55岁以及父代年龄大于60岁这几类，并通过代际收入弹性和代际次序相关性这两种方法分别测算父代和子代在不同年龄段时的代际流动性，具体如表3-3所示，表中第一行是使用代际收入弹性衡量的结果，第二行是使用代际次序相关性指标衡量过的结果，从表中可以看出，使用代际收入弹性的测算方法，流动性数值在0.188和0.630之间发生变化，而使用代际次序相关性方法测算的代际流动性最小值为0.140，最大值为0.246，从上述的结果对比中可以发现，使用不同年龄段的收入，代际次序相关性方法的测算结果的变化幅度明显小于采用收入代际弹性测算结果的变化幅度。

表3-3 　　　　**不同年龄段不同方法下的流动性测算结果**

		（1）	（2）	（3）	（4）	（5）
		父代年龄 <45岁	父代年龄 45～50岁	父代年龄 50～55岁	父代年龄 55～60岁	父代年龄 >60岁
子代 收入 对数	父代 收入 对数	0.630*** （0.054）	0.461*** （0.051）	0.333*** （0.041）	0.378*** （0.035）	0.188*** （0.029）
子代 收入 排名	父代 收入 排名	0.178*** （0.041）	0.140*** （0.022）	0.246*** （0.034）	0.245*** （0.034）	0.150*** （0.027）
观测值		573	800	838	822	1 331

在比较衰减偏误条件下的敏感程度时，我们使用的是由北京师范大学中国收入分配研究院提供的中国家庭收入调查（Chinese Household Income Project Survey，CHIP）数据库 2002 年的样本，该数据库调查工作实施于 1989 年春天，它涵盖了 28 个省、自治区和直辖市，包含 9 009 个城市住户（31 827 个家庭成员），10 258 个农村住户（51 352 个家庭成员），这也是在中国首次采用国际通用的标准和统计方法进行的收入分配微观抽样调查。之所以使用该数据库 2002 年的样本是因为该样本不仅提供了受访者在 2002 年的收入，而且还通过记录或者回忆的方式提供了受访者 1998 年、1999 年、2000 年和 2001 年的收入，这样我们就可以通过比较在使用不同年限的收入平均值下两种方法的敏感性。

在比较这两种方法对于衰减偏误条件下的敏感程度时，我们同样未扩大样本量，当然，样本量越多，测算出的结果也就越接近真实值，但是一方面受数据的限制，无法找到更多满足条件的数据，另一方面我们在这里只是比较二者对于样本的敏感程度，也就是比较在不同的样本下，两者测算结果变化的幅度大小，因此如果小的样本量就能够满足需求，那么就没有必要再扩大样本量，但即使这样，本书依然对样本进行了处理以使其更接近真实值。在测算之前我们对数据进行了如下的处理，首先将成人样本中的父亲和孩子相匹配，之所以选择父亲，是因为一般而言父亲是家庭的决策者，其次本书还将 20 岁以下和 65 岁以上样本删除，这里所使用的父代和子代的收入都是当年的总收入，个人总收入这里主要包括工资性收入、奖金、津贴、各种补贴和补助、第二职业及兼职收入以及各种实物收入所折算成的货币收入等。经过匹配和清理，最终得到了 1 436 个样本，我们从中随机抽取了 10 个样本，表 3-4 给出了这 10 个样本父代和子代的年龄、1998 年、1999 年、2000 年、2001 年以及 2002 年这五年的收入，表中第一列是住户编码，也是我们将父代和子代样本进行匹配的唯一标识。

表 3-4　　　　　随机抽取10个样本父代和子代五年收入值

住户编码	父/子代	年龄	1998年收入	1999年收入	2000年收入	2001年收入	2002年收入
4201003058	子代	23	0	0	9 600	9 600	11 736
	父代	52	12 000	13 000	13 200	15 500	20 965
4408000009	子代	25	0	0	8 400	8 500	10 800
	父代	57	15 000	15 500	16 000	17 000	18 000
3202820045	子代	17	308	308	308	308	308
	父代	44	6 000	6 000	6 000	6 000	6 480
4201000667	子代	25	0	0	0	4000	4700
	父代	57	10 000	11 000	12 000	12 000	13 510
4201000517	子代	26	7 000	7 000	7 000	7 000	7 000
	父代	56	1 920	1 920	8 990	8 990	8 890
3403000068	子代	27	1 000	7 000	7 000	8 000	10 908
	父代	62	7 000	7 000	8 000	8 000	6 360
1401000114	子代	28	4 800	4 800	2 400	0	1 200
	父代	51	6 000	7 200	10 800	11 500	13 000
3403000015	子代	38	1 848	1 848	4 340	4 272	4 380
	父代	60	3 240	3 240	3 240	3 420	3 420
1101080148	子代	28	36 000	38 000	90 000	100 000	80 000
	父代	59	50 000	60 000	80 000	80 000	83 000
4201001068	子代	31	0	0	0	0	1 000
	父代	63	6 180	6 180	6 180	6 180	6 855

资料来源：作者根据2002年《中国家庭收入调查》整理。

我们将父代和子代的收入分别进行一年平均、两年平均、三年平均、四年平均和五年平均，并通过代际收入弹性和代际次序相关性这两种方法分别测算父代和子代随着平均年限T取值的不同，父代和子代之间代际收入流动性的变化，具体如表3-5所示，表中第一行是使用代际收入弹性衡量的结果，第二行是使用代际次序相关性指标衡量过的结果，从表中可以看出，使用代际收入弹性的测算方法，流动性数值在0.422和0.481之间发生变化，而且随着平均年限的增加有不断上升的趋势，而使用代际次序相关性方法测算的代际流动性最小值为0.238，最大值为0.260，而且随着平均年限的增加有稳定在0.240左右的趋势，从上述的结果对比中可以发现，使用不同年龄段的收入，代际次序相关性方法的测算结果的变化幅度明显小于采用收入代际弹性测算结果的变化幅度。

表3-5　　　　　　不同年限不同方法下的流动性测算结果

		（1）	（2）	（3）	（4）	（5）
		单年收入	两年平均	三年平均	四年平均	五年平均
子代收入对数	父代收入对数	0.422***	0.432***	0.453***	0.464***	0.481***
		(0.050)	(0.061)	(0.064)	(0.067)	(0.069)
子代收入排名	父代收入排名	0.259***	0.260***	0.251***	0.242***	0.238***
		(0.024)	(0.025)	(0.026)	(0.026)	(0.026)
观测值		1 436	1 436	1 436	1 436	1 436

注：*、**、***分别表示在10%、5%和1%的水平上显著。

从以上的研究结果可以看出，IGE对代际流动性的估计差异很大，很难根据这些估计值得出父亲与子女之间代际收入流动性大小的有力结论。相比之下，使用IRA的估计值在各种样本下都是比较稳定和可靠的，从而为代际流动的程度提供了更具说服力的证据，因此我们在下文中将使用代际次序相关性方法来测度代际流动性。

以上是通过各种方法测算了收入的代际流动性，其实除了收入以外，教育也提供了关于代际流动的重要信息，因此，诸多学者对教育的代际传递进行了广泛研究。就实际情况而言，教育在估计收入方面比收入更具优势；从教育方面衡量流动性问题，难度要小得多，因为终生收入的数据并不那么容易获得。与终生收入不同，人们一般在25岁左右完成教育，因此，对代际流动性的分析可以在儿童相对较早的生命周期进行。此外，未就业不会对代际流动性的衡量带来任何困难，而且由于人们往往知道自己的学历，因此测量偏误不会成为一个大问题。此外，现在有大量文献表明，更高的教育水平与许多其他有益的特征有关，如更高的收入、更良好的健康和更长的寿命。本书将从教育的角度来研究我国各地区的代际流动性。

3.2　教育代际流动性指标的构建

为了获得一个更为稳定的代际流动弹性，本书借鉴 Chetty 等（2014）对收入代际弹性的测算，使用排名方程，即根据子代的受教育程度对子代进行排序，根据这些子代的父母的受教育程度对其父代进行排序，然后将子代排名对父代排名进行回归，其斜率表明了子代与父代在受教育水平分布中的相对地位关系。

3.2.1　教育代际流动的线性关系

本书在上一节中已经通过理论和数据对代际收入弹性和代际次序相关性这两种测算方法进行了比较，结果表明对数回归带来的偏误较大，而排名回归更符合线性趋势。在进行具体的指标构建和测算之前，本书首先对父代和子代受教育水平的排名关系进行线性趋势验证，父代和子代受教育水平的数据来自中国家庭追踪调查（CFPS）

数据库2010年、2012年、2014年和2016年的样本。在此需要说明的是，在每一个城市内部，受教育程度相同的样本的排名是相同的，但是由于每个地区在教育结构以及样本量等方面存在差异，所以不同地区的受教育程度相同的两个样本的排名也会存在差异，最终形成了如图3-1所示的排名关系。从图中可以看出，父代受教育水平的排名和子代受教育水平的排名之间的线性关系非常明显，父代和子代受教育水平排名的线性关系是教育代际流动性指标的构建基础，也是本书最重要的一个前提。

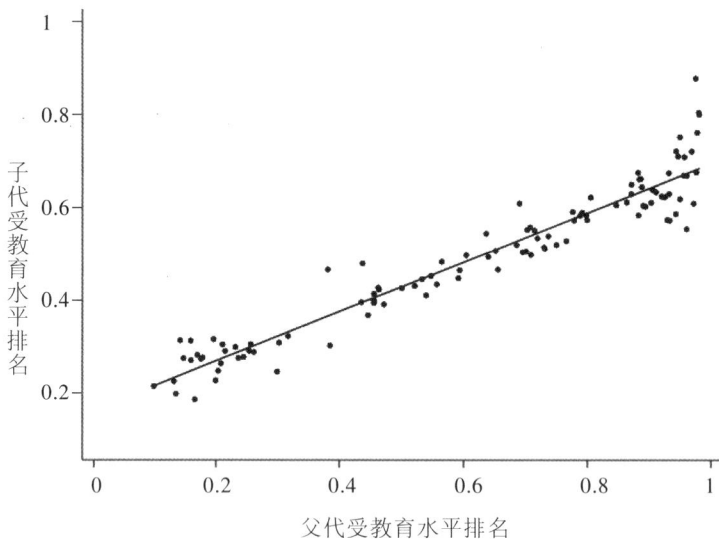

图3-1　父代与子代受教育水平排名之间的关系

3.2.2　教育代际流动性指标的构建方法

根据以往文献的研究，代际流动性可以分为绝对代际流动性和相对代际流动性。这两个指标之间存在很大的关联，但在本质上又有所不同。

相对流动性。"低学历家庭的孩子与高学历家庭的孩子相比有什么不同？"这一问题主要关注不同父代背景的子代之间的相对差异，也是以往文献中代际流动的研究主题。相对流动性衡量了一个城市中来自最高受教育水平的家庭和最低受教育水平的家庭的孩子之间的结果差异，但只是平均意义上父代与子代之间的结果差异，当区分不同受教育水平的父代或者是研究某一受教育水平的父代的子代的结果时，相对代际流动就会有比较大的局限性。

绝对流动性。"从绝对意义上讲，来自某一受教育水平家庭的孩子的结果如何？"例如，人们可能对在低教育水平家庭长大的孩子的平均结果比较有兴趣。这时，绝对流动可能比相对流动更符合规范。因为，根据帕累托原则，通过使高教育水平家庭变得更差来增加相对流动性是不可取的；相反，如果使其他受教育水平家庭的代际流动性保持不变，仅增加某一给定受教育水平家庭的绝对流动性则会明确地增加整体的社会福利。

相对流动性不同于绝对流动性，绝对流动性侧重于儿童在特定的范围内（如完成的教育年限）是否比其父母表现得更好。这两个概念适用于不同的研究目标，例如，在评估教育成果随时间的改善程度时，绝对流动性是适当的衡量标准。另外，当研究同一组别的同龄人之间的社会阶层或"机会均等"的跨代渊源时，相对流动性成为相关的概念。为相对流动性和绝对流动性制定单独的衡量标准很重要，因为它们可能反映出非常不同的模式（Breen 和 Jonsson，2005）。在国家层面上，Winship（2014）发现了绝对流动性和相对流动性对于一个出生于 20 世纪 70 年代的儿童群体的实质性差异。本书的目标是测量绝对代际流动性，并研究中国各地区的流动性分布特征。

本书根据子代 12 岁时生活的地方来判断其所在的城市，然后通过相对流动性所求出的斜率（即式（1）中的 β）和截距（即式（1）中的 α，衡量的是来自最低受教育水平家庭的子代的预期排名）来构

造每个地区 p 百分位的绝对流动性（即给定父母在教育水平分布中的任何一个百分比 P，其子代的期望排名）。本书所使用的绝对流动性的主要衡量指标，也称为绝对向上流动性，是处在全国父代受教育水平分布中 25 百分位以下的父代的子代在子代受教育水平分布中的平均排名。另外，本书还探讨了各省份中受教育水平位于中低阶层即 50 百分位和中高阶层即 75 百分位的群体的绝对代际流动性。

具体而言，本书的绝对流动指标构建分为以下三个步骤。首先，通过式（3-8）来估计相对流动性，c 代表地区，i 代表家庭，P_{ic} 衡量在 c 地区家庭 i 的父代在 c 地区所有父代中受教育水平的排名，R_{ic} 衡量在 c 地区家庭 i 的子代在 c 地区所有子代中的排名，将子代的受教育水平排名对父代的受教育水平排名进行回归，得到的斜率 β 即为相对代际流动性。

$$Rank_{i1c} = \alpha_c + \beta_c Rank_{i0c} + \varepsilon_{ic} \tag{3-8}$$

接下来，基于上述结果，本书构建一个地区位于 p 百分位上的父代的子代的绝对代际流动性。将式（3-8）所求得的斜率和截距代入式（3-9）中，就可以求出 c 地区父代受教育水平位于 p 百分位上的子代的期望排名，即式（3-9）中的 $\widetilde{Igm}_{p,c}$：

$$\widetilde{Igm}_{p,c} = \alpha_c + \beta_c p \tag{3-9}$$

最后，将式（3-9）中求出的子代的期望排名减去父代的百分位排名即 p，就可以得到相对于父代，子代的期望排名提高或下降了多少，即式（3-10）中的 $\overline{Igm}_{p,c}$。

$\overline{Igm}_{p,c}$ 可正可负，正值表示相对于父代，子代具有向上的流动性，其数值越大，表明子代向上的流动性越强；负值表示相对于父代，子代具有向下的流动性，数值越大，表明子代向下的流动性越强：

$$\overline{Igm}_{p,c} = \widetilde{Igm}_{p,c} - p \tag{3-10}$$

通过式（3-8）、式（3-9）和式（3-10）可以测算出各地区各百分位阶层的绝对教育代际流动性。

3.3 我国各地区各阶层代际流动性变化趋势

3.3.1 数据来源

本书选取由北京大学中国社会科学调查中心（ISSS）提供的中国家庭追踪调查（CFPS）数据库2010年、2012年、2014年和2016年的样本。之所以选取CFPS数据库，主要基于以下几点考虑：首先，该数据库是一项全国性的、大规模的社会跟踪调查项目，覆盖面比较广，其覆盖了除新疆、西藏、青海、宁夏、海南、内蒙古以及港澳台之外的25个省、自治区和直辖市；其次，在该数据库的个人层面数据中，关于本书所要研究的核心变量——个体及其父母受教育水平——的数据缺失值较少；再次，该数据库中的数据给出了子代3岁和12岁时户口和居住地的变动情况，使得本书可以据此剔除掉所有发生过迁移的样本，从而使结果更为精确；最后，通过数据库中的地区代码，本书可以匹配出样本所在的城市和省份，从而进行后续研究。

为了使测算更为准确，本书对样本进行了如下处理：①选取2010年、2012年、2014年和2016年的所有样本，并剔除重复的样本，这样做的目的是增加各地区的样本量；②删除3岁和12岁时居住地和出生地不同的样本，删除3岁和12岁时的居住地在其他省、自治区和直辖市的样本，删除户口所在地在省、市和自治区之间发生变化的样本，删除出生时家庭地址在其他省、自治区和直辖市的样本，以剔除所有发生过流动和迁移的样本；③删除还在上学的样本；④删除子代和父代受教育水平"不知道"或"不适用"或"拒绝回答"的样本。

经过上述4个步骤的筛选，最终得到26 481个样本。最后选取本书所用的核心变量：父代和子代的受教育水平。受教育水平根据学历高低依次赋值为1~8，父代受教育水平包括父亲和母亲的受教育水平。本书将父母受教育水平最高者定义为父代的受教育水平，然后求出来自c地区家庭i的父代其受教育水平在c地区所有父代受教育水平中的排名，即式（3-8）中的$Rank_{i0c}$；再求出来自c地区家庭i的子代的受教育水平在c地区所有子代受教育水平中的排名，即式（3-8）中的$Rank_{i1c}$；再通过式（3-8）、式（3-9）和式（3-10）求出c地区p百分位家庭的绝对教育代际流动水平。

3.3.2 测度结果

接下来，我们根据上一节中对绝对代际流动指标的构建方法测算全国各个省份和自治区的代际流动水平。按照上述样本和方法，本书最终求出了26个省、自治区和直辖市以及114个地级市的教育代际流动水平。

1）各省和自治区各阶层教育代际流动性测算结果

需要说明的是，我们在匹配个人所在地区时，是以出生地的信息进行匹配，虽然CFPS数据库的调研中没有覆盖内蒙古自治区，但是有一些样本的居住地在内蒙古自治区，因此我们的测算结果中也包括了内蒙古自治区的教育代际流动水平。表3-6是根据22个省和自治区（未包括直辖市）的数据所测算出来的25百分位阶层的绝对流动水平。从表3-6中可以看出，我国各区域之间的教育代际流动性差异非常明显，具体表现为"南低北高，西低东高"的特征。南北之间25百分位阶层的教育代际流动性差异比较明显，除了广西壮族自治区以外，南方地区的流动性普遍低于北方地区，这一方面可能是因为南方经济社会发展水平比较高，贫富差距也比较大，不同收入、不同地位的群体之间的隔离程度较高，以至于好的教育资源往往被优势群体所获得，底层群体很难获得优质的教育资源。另一方面，相较于比较开放的南方，北方更为保守，对子代教育的重视程度也比较高。从东西部来看，差异不是很明显，但总体上西部低于东部，这可能是由于西部环境比较恶劣，学校和教师资源都比较匮乏，儿童上学条件也比较差，从而导致西部受教育水平位于底层25百分位的家庭的教育代际流动性比较低。

表3-6 　　　　　各地区各阶层教育代际流动水平及其排名

地区	$\overline{\gamma}_{25,c}$	$\overline{\gamma}_{25,c}$ 排名	$\overline{\gamma}_{50,c}$	$\overline{\gamma}_{50,c}$ 排名	$\overline{\gamma}_{75,c}$	$\overline{\gamma}_{75,c}$ 排名
湖北省	11.288	1	0.644	13	−10	19
四川省	11.592	2	0.323	4	−10.947	15
浙江省	11.935	3	0.441	6	−11.054	14
江苏省	12.15	4	0.937	15	−10.277	17
湖南省	12.276	5	1.463	17	−9.349	20
云南省	12.279	6	0.455	8	−11.369	13
贵州省	13.233	7	1.576	19	−10.08	18
山东省	13.962	8	0.301	3	−13.359	9
甘肃省	14.124	9	1.699	20	−10.727	16
安徽省	14.37	10	0.553	9	−13.264	10
福建省	14.613	11	3.338	21	−7.936	21
江西省	14.684	12	1.033	16	−12.618	11
广东省	14.763	13	3.698	22	−7.368	22
内蒙古自治区	14.767	14	0.642	12	−13.483	8
山西省	15.098	15	0.574	10	−13.95	6
陕西省	15.127	16	0.817	14	−13.494	7
黑龙江省	15.175	17	0.152	1	−14.87	4
辽宁省	15.239	18	0.452	7	−14.334	5
河南省	15.741	19	1.566	18	−12.609	12
吉林省	15.963	20	0.188	2	−15.588	2
广西壮族自治区	16.486	21	0.583	11	−15.321	3
河北省	17.077	22	0.36	5	−16.358	1

表3-6给出了这22个省和自治区25百分位、50百分位和75百分位阶层的绝对流动水平及其在全国的排名。从表3-6中可以看出，不同阶层间的绝对代际流动水平的差异也比较大。

从整体上看，我国各地区25百分位和50百分位阶层的绝对代际流动水平均为正，75百分位阶层的绝对代际流动水平普遍为负。可以看出，我国教育水平的中低阶层普遍有着向上的流动性，中高阶层却普遍面临着向下的流动性，这一方面可能是由于中高阶层的上升空间有限，另一方面是由于中低阶层向上流动带来较大的阶层转换压力。同时可以看到的是，25百分位和75百分位阶层的流动性变化幅度都非常大，25百分位阶层的代际流动水平在11~17之间变化，75百分位阶层的代际流动水平在7~16之间变化，而50百分位阶层的代际流动水平却在0~4之间变化，这说明我国教育水平的中等阶层比较稳定，而底层向上流动和中高层向下流动都意味着我国中等阶层在不断地壮大。根据"橄榄型"分配格局理论，中等阶层所占比例越大，社会越稳定，我国教育水平逐渐往中等阶层流动说明我国整体教育流动水平处于一个较为稳定的状态。

分地区看，有些地区总体流动性比较强，如河北、广西和吉林等地，这些地区25百分位阶层向上的流动性比较高，75百分位阶层向下的流动性也比较高。例如，河北省25百分位阶层的绝对流动水平是17.077，是所有地区中25百分位阶层流动性最高的省份，其75百分位阶层的绝对流动水平是−16.358，也是所有地区中75百分位阶层流动性最高的省份。与之相对的是，有些地区的阶层比较固化，其25百分位阶层向上的流动性比较低，75百分位阶层向下的流动性也比较低，如湖北、湖南和江苏等地。

通过以上的分析，我们测度了中国26个省、自治区和直辖市的教育代际流动水平并分析了各区域和各阶层之间代际流动性的变化趋势，接下来，本书还利用上述方法测算了城市层面处于各百分位阶层的绝对教育代际流动水平。

2）各城市各阶层教育代际流动性测算结果

本书测算了各城市 25 百分位阶层、50 百分位阶层以及 75 百分位阶层的绝对教育代际流动水平。[①]从整体上看，我国各城市 25 百分位和 50 百分位阶层的绝对代际流动水平均为正，75 百分位阶层的绝对代际流动水平普遍为负，这和省级层面的测算结果保持一致，从中也可以看出，我国教育水平的中低阶层普遍有着向上的流动性，中高阶层却普遍面临着向下的流动性。同时可以看到的是，各城市之间 25 百分位和 75 百分位阶层的流动性变化幅度都非常大，25 百分位阶层的代际流动水平在 8.75~19.27 之间，75 百分位阶层的代际流动水平在 −8.57~−18.58 之间，而 50 百分位阶层的代际流动水平在 0.06~0.66 之间，这说明我国教育水平的中等阶层比较稳定。

从各城市 25 百分位阶层绝对教育代际流动水平测算结果中可以看出，25 百分位阶层绝对代际流动水平最低的是天津市，其数值是 8.75，也就是说，在这个城市，相对于受教育水平处于最底层 25% 的父代，其子代的预期受教育水平的平均排名能够提高 8.75 个百分位；而在绝对代际流动水平最高的鹤岗市，受教育水平处于最底层 25% 的父代的子代受教育水平的预期排名能够提高 19.27 个百分位。两者相差约 11 个百分位，说明中国各城市之间 25 百分位阶层的教育代际流动水平存在较大不同，反映了城市间在教育机会公平方面存在差异。

从各城市 50 百分位阶层绝对教育代际流动水平测算结果中可以看出，50 百分位阶层绝对代际流动水平最低的是商丘市，其数值是 0.06，也就是说，在这个城市，相对于受教育水平处于中等阶层 50%

---

① 因城市数量较多，各城市 25 百分位、50 百分位、75 百分位阶层绝对教育代际流动水平测算结果未呈现在本书中，感兴趣的读者可直接向作者索取。

的父代，其子代的预期受教育水平的平均排名能够提高 0.06 个百分位；而在 50 百分位阶层绝对代际流动水平最高的本溪市，受教育水平处于 50 百分位的父代的子代受教育水平的预期排名能够提高 0.66 个百分位。两者相差约 0.6 个百分位，说明中国各城市之间 50 百分位阶层的教育代际流动水平差异不是非常大。

从各城市 75 百分位阶层绝对教育代际流动水平测算结果中可以看出，75 百分位阶层绝对代际流动水平最低的是天津市，其数值是 −8.56，也就是说，在这个城市，相对于受教育水平处于上层 75 百分位的父代，其子代的预期受教育水平的平均排名会降低 8.56 个百分位；而在绝对代际流动水平最高的鹤岗市，受教育水平处于上层 75 百分位的父代的子代受教育水平的预期排名将下降 18.58 个百分位。两者相差约 10 个百分位，说明中国各城市之间 75 百分位群体的教育代际流动水平也存在较大的不同，反映了城市间在教育机会公平方面存在差异。

3.4　本章小结

本章采用一种更为科学稳健的方法测算了各地区和各城市的各教育阶层的教育代际流动水平，呈现了我国各区域各阶层教育代际流动性差异的特征事实，为下文进一步研究城市教育代际流动性的微观影响和优化路径奠定了基础。

本章首先阐述了代际流动性的几种测算方法——代际弹性测算方法、转移矩阵和代际次序相关性测算方法。Chetty 等（2014）已通过美国的数据证实了代际次序相关性测算方法的优势，本章进一步证实了这种方法在中国的适用性，并通过中国家庭追踪调查（CFPS）数据库和中国家庭收入调查（CHIPs）数据库中的数据比较了代际弹性测算方法和代际次序相关性测算方法的优劣，结果发现，改变样本和数据以及变量的含义，使用代际次序相关性方法得出的结果变化幅度更小、更为稳健，而且即使存在生命周期偏误和衰减偏误，代际次序相关性方法的测算结果的敏感度也低于代际弹性测算方法。因此，本书使用代际次序相关性测算方法测度我国各区域各教育阶层的教育代际流动性。

接下来，通过测度我国各区域各阶层的教育代际流动性，本章主要有如下发现：

（1）我国各区域之间的教育代际流动性差异非常明显，具体表现为"南低北高，西低东高"的特征。以25百分位阶层为例，我国南北之间底层25百分位的教育代际流动性差异比较明显，除了广西壮族自治区以外，南方地区的流动性普遍低于北方地区；而从东西部来看，差异不是很明显，但总体上西部低于东部。

（2）从整体上看，我国各地区和各城市25百分位和50百分位阶层的绝对代际流动水平均为正，75百分位阶层的绝对代际流动水平普遍为负。

（3）各城市之间25百分位和75百分位阶层教育代际流动性的差异非常大，这突出反映了城市间在教育机会公平方面存在较大的差异。

4

教育代际流动性对共同富裕的微观影响

本章主要从贫富差距和居民主观感受两个角度探讨代际流动所产生的外在影响，而居民主观感受由居民主观幸福感和对陌生人的信任水平这两个指标来衡量。选取这两个指标的原因是：提高居民的幸福感对于凝聚起"在新时代继续把改革开放推向前进，为实现'两个一百年'奋斗目标、实现中华民族伟大复兴的中国梦不懈奋斗"的磅礴力量具有十分重要的意义。提升人与人之间的信任水平则可以促进人与人之间的合作与经济可持续发展，有利于构建和谐社会。

早期教育机会不平等会在个体进入社会以后逐步发展为收入水平、家庭经济地位或社会地位等方面的不平等，这种不平等可能会降低人们的幸福感和对他人的信任水平。其内在的逻辑是，当教育代际流动较为固化时，对于父代教育水平较低的子代，其获得更高水平教育的机会要小于高教育水平父代的子代，因此，这部分群体会因感受到这种机会不平等而降低对社会的信任程度。在一个代际流动水平相对较低的环境中，个人的受教育水平以及收入水平在很大程度上取决于父代，个体自我实现的需求很难得到满足，尤其是低收入群体的经济地位无法得到改善，带来的后果是社会贫富差距进一步扩大。收入不平等的加剧，一方面使得处于这种环境中的低收入者更容易产生相对剥夺感、更强烈的压力感和无助感（Uslaner 和 Brown，2005；Neckerman 和 Torche，2007），从而导致幸福感降低以及拒绝表现出对他人和社会的信任；另一方面使得社会阶层和社会地位的分化更为严重，高度分化的社会更为封闭，不同阶层的人较难相遇、交流与合作（Wilkinson 和 Pickett，2009），也会导致其自身幸福感降低并且难以信任他人和取得他人的信任。本节将从这一理论分析出发，研究教育代际流动对贫富差距、居民主观幸福感和社会信任水平的影响，并探讨教育代际流动性影响居民主观幸福感和社会信任水平的中介机制。

4.1 教育代际流动性对贫富差距的影响

4.1.1 模型设定与数据说明

1）模型设定

在探讨教育代际流动性对居民贫富差距的影响时，我们使用的微观数据来自2010年中国家庭追踪调查（CFPS）数据库。之所以选取2010年的调查数据，主要是因为2016年调查数据中收入的数据缺失较为严重，筛选之后的有效数据较少，无法为本研究提供较为坚实的数据基础，而2010年是数据库的基线调查年，相比于其他年份而言，其有效数据量大并且准确度也比较高。宏观数据来自《城市统计年鉴》和国泰安数据库（CSMAR）。基准回归模型如下：

$$inequality_{i, c} = \alpha + \beta_1 \overline{Igm}_{25, c} + \gamma X_c + \delta M_i + v_p + \varepsilon_c \tag{4-1}$$

其中，i和c分别表示个体和个体所在的城市，X_c为代表城市特征的一系列变量，M_i为代表个体特征的一系列变量，v_p为地区固定效应，ε_c为随机扰动项。β_1是地区教育代际流动性对收入不平等的影响，也是本书重点关注的系数。β_1显著为正，表明地区教育代际流动性的增强能够显著扩大居民的贫富差距；β_1显著为负，则表明地区教育代际流动性的增强能够显著缩小居民的贫富差距；若β_1不显著，则表明地区教育代际流动性与居民的贫富差距之间没有关系。

2）变量设置

（1）被解释变量。本书的被解释变量是各个城市的基尼系数，基尼系数是衡量一个地区贫富差距程度的最重要的指标，其取值范围在0~1之间，数值越大，表明贫富差距越大。这里所用的基尼系数是根据各个城市居民的收入水平计算出来的。

（2）核心解释变量。$\overline{Igm}_{25,c}$ 是各个城市的绝对教育代际流动水平，也是本节的核心解释变量，其数值已在上一章中给出，表4-1只给出了部分城市25百分位群体的绝对教育代际流动水平，其数值越大，表示该城市代际流动性越强。

表4-1 部分城市绝对教育代际流动水平

排名（%）	城市	$\overline{Igm}_{25,c}$
1	天津市	8.747
5	珠海市	10.009
10	兰州市	11.068
20	鞍山市	11.659
30	合肥市	12.162
40	湘潭市	12.833
50	济南市	13.320
60	石家庄市	14.070
70	廊坊市	14.540
80	西安市	15.197
90	忻州市	16.551
100	鹤岗市	19.269

（3）控制变量。X_c 是控制城市特征的一系列变量，包括产业结构（第三产业占比）、城市规模（城市人口密度）、公共服务供给（专任教师数量、绿化面积）、基尼系数，以及城市开放程度（当年实际使用的外资金额）。M_i 是个体层面的一系列控制变量，包括个体的收入、年龄、性别、是否为城镇居民、民族、婚姻状况，以及健康状况等，这些变量的描述性统计见表4-2。另外，v_p 为地区固定效应。

表 4-2　　　　　　　　　　　　主要变量的描述性统计

变量名	观测值	均值	标准差	最小值	最大值
基尼系数	17 203	0.522	0.684	0.319	0.756
绝对代际流动水平	17 203	13.478	2.189	8.747	19.269
收入对数	17 203	8.628	1.617	0	13.592
是否为城镇居民	17 203	0.475	0.499	0	1
性别	17 203	0.544	0.598	0	1
年龄	17 203	45.813	14.947	16	110
民族	17 203	1.414	2.526	1	38
婚姻状况	17 203	2.098	0.778	1	5
健康状况	17 203	1.798	0.992	1	5
教育财政支出占比	17 203	0.083	0.094	0.008	0.703
第三产业占比	17 203	39.412	8.839	19.760	77.950
失业率	17 203	0.006	0.004	0.000	0.029
人口密度	17 203	5.980	0.771	4.040	7.882
绿化面积对数	17 203	8.364	1.056	5.768	11.794
lnGRP	17 203	16.733	0.914	14.769	19.278
使用外商投资额	16 124	10.751	1.563	6.983	14.450
专任教师对数	17 203	10.661	0.659	8.823	12.576

4.1.2　基准回归结果分析

本节采用普通最小二乘回归方法识别教育代际流动性对贫富差距的影响，表4-3给出了基准回归的结果，第（1）列控制了绝对代际流动水平和城市层面的变量，第（2）列控制了绝对代际流动水平和城市层面以及个体层面的变量。从结果中可以看出，在采用不同方法和控制不同控制变量组的情况下，绝对代际流动对收入不平等的影响均显著为负，表明绝对代际流动性的增强能够缩小居民的贫富差距。以变量控制最严格的第（2）列为例，绝对代际流动对贫富差距的影响在1%的水平上显著为负，估计系数为-0.004，这表明，代际流动每提高10个百分位，基尼系数将下降0.04个单位。这表明，从经济意义上来说，代际流动对贫富差距的影响也是非常显著的。

表4-3 基准逐步回归结果

	（1）	（2）
绝对代际流动 $\overline{Igm}_{25, c}$	-0.004*** (0.000)	-0.004*** (0.000)
城市控制变量	是	是
个体控制变量	否	是
地区固定效应	是	是
观测值	16 124	16 124
R^2	0.203	0.264

注：观测值是个体层面的数据，*、**、***分别表示在10%、5%和1%的水平上显著，以下各表同。

4.1.3 稳健性检验

为了使结果更加稳健，我们更换了数据和样本重新对代际流动和贫富差距之间的关系进行了衡量，本书将CFPS 2010年的样本更换为CFPS 2016年的样本，并且选取问卷调查中"教育问题严重程度"以及"贫富差距严重程度"这两个问题的答案来衡量社会公平程度，这两个数值越大，表明居民认为社会越不公平。另外，由于CFPS 2016年数据库中收入缺失值较多，本书还通过中国家庭收入调查（CHIP）

数据库中农村和城镇住户的收入数据对每个城市的基尼系数进行了测算，并用该基尼系数来衡量每个城市内部贫富差距的大小。通过将这三个指标对绝对代际流动进行回归可以发现，提高绝对代际流动能够显著降低居民的贫富差距和社会不公平程度。回归结果见表4-4，从表中可以看出，绝对代际流动性越强，居民的贫富差距越小，社会公平程度越高，这再一次证明了纵向的教育代际公平能够提高横向的社会公平程度，缩小居民的贫富差距。

表4-4 稳健性检验

	（1）	（2）	（3）
	教育问题严重程度	基尼系数	贫富差距严重程度
绝对代际流动 $\overline{Igm}_{25,\ c}$	−0.037**	−0.003***	−0.030*
	(0.018)	(0.000)	(0.017)
城市控制变量	是	是	是
个体控制变量	是	是	是
地区固定效应	是	是	是
观测值	13 222	14 064	13 222
R^2	0.090	0.457	0.074

4.2 教育代际流动性对居民主观幸福感的影响

4.2.1 模型设定与数据说明

1）模型设定

在探讨教育代际流动对居民主观幸福感的影响时，我们使用的微观数据是2010年中国家庭追踪调查（CFPS）数据库，之所以选取

2010年的调查数据，主要是因为2016年调查数据中居民主观幸福感的数据缺失较为严重，筛选之后的有效数据仅剩下200个左右，无法为本书提供较为坚实的数据基础。而2010年是数据库的基线调查年，相比其他年份，有效数据量大并且准确度也较高。宏观数据来自《城市统计年鉴》和国泰安数据库（CSMAR）。基准回归模型如下：

$$happy_{i,c} = \alpha + \beta_2 \overline{Igm}_{25,c} + \gamma X_c + \delta M_i + v_p + \varepsilon_c \tag{4-2}$$

其中，i，c分别表示个体和个体所在的城市，X_c为代表城市特征的一系列变量，M_i为代表个体特征的一系列变量，v_p为地区固定效应，ε_c为随机扰动项。β_2是地区教育代际流动对居民主观幸福感的影响，也是本书重点关注的系数。β_2显著为正，表明地区教育代际流动性的增强能够显著提高居民的主观幸福感；β_2显著为负，则表明地区教育代际流动性的增强能够显著降低居民的主观幸福感；β_2不显著，则表明地区教育代际流动性与居民的主观幸福感没有关系。

2）变量设置

（1）被解释变量。被解释变量居民主观幸福感是根据调查问卷中的问题"您觉得自己有多幸福"进行设定的，被访者选择从1到5的数值对幸福感进行自评，数值越大，幸福感就越高。

（2）解释变量。$\overline{Igm}_{25,c}$是各个城市的绝对教育代际流动水平，也是本节的核心解释变量，其数值已在上一章中给出，表4-1中已给出了部分城市25百分位群体的绝对教育代际流动水平，其数值越大，表示该城市代际流动性越强。

（3）控制变量。X_c是控制城市特征的一系列变量，包括产业结构（第三产业占比）、城市规模（人口密度）、公共服务供给（专任教师对数、绿化面积对数）、基尼系数以及城市开放程度（使用外资投资额），M_i是个体层面的一系列控制变量，包括个体的收入、年龄、性别、户口状况、是否为城镇居民、受教育年限、民族、婚姻状况以及健康状况等，这些变量的描述性统计见表4-5，另外，v_p 为地区固定效应。

表4-5 　　　　　　　　　　主要变量的描述性统计

变量名	观测值	均值	标准差	最小值	最大值
居民主观幸福感	17 641	3.802	1.033	1	5
绝对代际流动	17 641	13.422	2.094	8.747	18.417
收入	17 641	8 390.520	16581.521	0	800 000
3岁时户口状况	17 641	1.194	0.647	1	5
是否为城镇居民	17 641	0.369	0.483	0	1
性别	17 641	0.485	0.500	0	1
年龄	17 641	46.723	15.275	16	110
受教育年限	17 641	5.607	4.664	0	20.5
民族	17 641	1.450	2.635	1	52
婚姻状况	17 641	0.849	0.358	0	1
健康状况	17 641	1.863	1.044	1	5
生均教育财政支出占比	17 641	0.081	0.070	0.008	0.316
基尼系数	17 641	0.428	0.061	0.271	0.621
第三产业占比	17 641	38.816	7.690	25.420	64.820
失业率	17 641	0.005	0.004	0.000	0.022
人口密度	17 641	5.947	0.760	4.040	7.882
绿化面积对数	17 641	8.189	0.981	5.768	11.742
lnGRP	17 641	16.631	0.835	14.781	19.278
使用外商投资额	16 407	10.489	1.504	6.983	14.450
专任教师对数	17 641	10.659	0.596	8.922	11.947

4.2.2 基准回归结果分析

表4-6给出了基准回归的结果，第（1）至第（3）列是采用普通最小二乘回归得出的结果，第（1）列控制了绝对代际流动和个体层面以及城市层面的变量，第（2）列加入了城市的地区生产总值，第（3）列加入了生均教育财政支出占比。为了使结果更加稳健，本书还采用了 Ordered Probit 模型进行回归，第（4）至第（6）列是采用 Ordered Probit 模型得出的回归结果，由于 Ordered Probit 模型的回归系数并非边际效应，因此只看其正负号，而不涉及其边际效应。从结果中可以看出，在采用不同方法和控制不同控制变量组的情况下，绝对代际流动对居民主观幸福感的影响均显著为正，表明绝对代际流动性的增强能够显著提高居民的幸福感。以变量控制最严格的第（3）列为例，在加入生均教育财政支出占比之后，绝对代际流动对居民主观幸福感的影响在1%的水平上显著为正。城市经济发展水平对居民主观幸福感没有显著的影响，生均教育财政支出占比对居民主观幸福感的影响在1%的水平上也显著为正。从第（3）列的回归结果可知，绝对代际流动对居民主观幸福感的影响系数为0.014，也即当绝对代际流动提高10个单位时，居民主观幸福感提高0.14个单位。

表4-6　　　　　　　　基准逐步回归结果

	OLS回归			Ordered Probit回归		
	（1）	（2）	（3）	（4）	（5）	（6）
绝对代际流动 $\overline{Igm}_{25,c}$	0.013***	0.012**	0.014***	0.018***	0.017***	0.019***
	(0.005)	(0.005)	(0.005)	(0.005)	(0.005)	(0.006)
lnGRP		-0.072**	0.038		-0.067	0.037
		(0.037)	(0.041)		(0.041)	(0.045)

	OLS回归			Ordered Probit回归		
	（1）	（2）	（3）	（4）	（5）	（6）
生均教育财政支出占比			1.755***			1.947***
			（0.342）			（0.377）
个体控制变量	是	是	是	是	是	是
城市控制变量	是	是	是	是	是	是
地区固定效应	是	是	是	是	是	是
观测值	16 407	16 407	16 407	16 407	16 407	16 407
R^2	0.098	0.098	0.100	0.038	0.038	0.038

4.2.3 异质性分析

市场化可以提高经济运行的效率，但一味追求市场化也会出现市场失灵的问题，教育作为一种公共产品如果主要由市场来提供，那么优质的教育资源更多地会被优势群体所获得，这也就意味着在市场化程度较高的地方可能存在较大的教育不公，居民的幸福感也会受到更大影响。教育代际流动性衡量的是子代受教育水平受父代受教育水平的影响程度，相比高学历个体，受教育水平较低的个体受父代的影响更大，其对教育代际流动的变化更为敏感，因而教育代际流动性的变化对其幸福感的影响也会比较大。另外，中国长期存在的城乡二元分割局面使得农民与市民在户籍、住宅、教育、医疗等多个方面存在差别，具体到教育方面，农村居民在教育机会方面与城镇居民有较大差距，其幸福感必然会受到极大影响。基于以上理论层面的分析，本书在基准回归的基础上进一步考察了教育代际流动性对不同群体幸福感的异质性影响。

从表4-7中可以看出，教育代际流动对居住于市场化程度不同的城市的居民、不同学历的居民以及城乡不同群体居民幸福感的影响有显著差异。表4-7中第（1）、（2）列给出了居住于市场化程度不同的城市居民的异质性影响，本书使用樊纲指数①来衡量我国各省份的市场化程度。樊纲指数采用一套客观的指标体系对各省份的市场化程度进行衡量，因而较为准确地刻画了各地的市场化程度，本书将市场化指数位于均值以上的省份定义为市场化程度较高的省份，而位于均值以下的省份则定义为市场化程度较低的省份。结果如理论所分析，市场化程度较低城市的居民主观幸福感没有受到教育代际流动的影响，而市场化程度较高城市居民的幸福感则受到了显著的影响，这也从侧面反映了市场在公共产品领域的供给失灵，政府应该积极干预教育产品的供给以缓解市场失灵所导致的教育不公，从而提高居民的幸福感。

表4-7　　　　　　　　　　　　分样本回归结果

	市场化程度高	市场化程度低	低学历样本	高学历样本	农村样本	城镇样本
	（1）	（2）	（3）	（4）	（5）	（6）
绝对代际流动 $\overline{Igm}_{25,c}$	0.032*** (0.007)	−0.010 (0.009)	0.021*** (0.007)	−0.002 (0.007)	0.046*** (0.007)	−0.007 (0.010)
个体控制变量	是	是	是	是	是	是
城市控制变量	是	是	是	是	是	是
地区固定效应	是	是	是	是	是	是
观测值	9 592	6 815	9 003	7 404	10 037	6 370
R^2	0.113	0.095	0.103	0.078	0.113	0.086

---

① 市场化程度指数是樊纲等人将各种能够反映中国政府与市场的关系、国有经济的发展、产品市场的发育程度、要素市场的发育程度以及市场中介组织发育和法治环境这五个方面并且能够实际获得数据的若干个基础指数赋予不同的权重和得分，然后加总得出来的一个综合性的指数。具体可参考王小鲁、樊纲等所著的《中国分省份市场化指数报告》。

表4-7中第（3）、（4）列给出了个体受教育程度的异质性影响，结果表明低学历样本的幸福感受到了代际流动的显著影响，高学历样本的幸福感则没有显著的变化。表4-7中第（5）、（6）列给出了农村居民和城镇居民的异质性影响，从结果中可以看出代际流动的变化对农村居民的幸福感有显著的影响，对城镇居民的幸福感没有明显的影响。上述异质性分析的结论均符合理论分析和经济直觉，也从侧面验证了基准结果的可信性。

4.2.4　稳健性检验

为了证明上述结果比较稳健，本书还做了一系列稳健性检验：

（1）剔除人口净流入前10的城市。本书在测度教育代际流动水平时借鉴Chetty等（2014）的做法，将个体的出生地作为其所在地，而不论其之后发生怎样的变化。但是，由于中国改革开放以来出现了大量人口向东南沿海集聚的趋势，如北京、上海、深圳、广东等一线城市，这样如果仅采用本地居民数据来测度这些城市的绝对代际流动就会出现较大的误差，因此为了解决这种度量误差对结果造成的影响，本书参照2010年的全国人口普查数据，将人口净流入前10的城市上海、北京、深圳、东莞、广州、天津、苏州、佛山、成都、厦门剔除掉。

（2）剔除流动人口样本。由于各个城市的代际流动水平不同，这对流动人口的教育代际流动水平的衡量会造成影响，导致结果出现偏差，因此，在做稳健性检验时，本书将户口发生迁移以及居住地发生改变的样本全部剔除。

（3）剔除55岁以上的样本。这是因为在中国，男性60岁退休，而女性55岁退休，剔除55岁以上的样本就可以完全排除样本是否在劳动力市场所带来的影响。

结果如表4-8所示，从表中可以看出，剔除人口净流入前10的城市以及流动人口样本之后，系数略有增大，并且依然在1%的水平上显著。剔除55岁以上的样本之后，发现结果变得更加显著。这进一步证明了教育代际流动能够提高居民主观幸福感的假说。

表4-8　　　　　　　　　　　　　稳健性检验

	剔除人口净流入前10的城市	剔除流动人口样本	剔除55岁以上的样本
绝对代际流动 $\overline{Igm}_{25, c}$	0.013*** (0.005)	0.015*** (0.005)	0.029*** (0.007)
个体控制变量	是	是	是
城市控制变量	是	是	是
地区固定效应	是	是	是
观测值	15 978	15 793	8 627
R^2	0.095	0.097	0.098

4.2.5　工具变量估计

虽然本书在前面进行了一系列稳健性检验，但还是不能排除遗漏变量和测量误差所带来的内生性问题，不同地区不同城市的文化传统以及居民的风俗习惯存在差异，对教育的重视程度也不同。对教育重视程度越高的地方，其教育代际流动水平会越高，居民的幸福感也会越强，因此这种遗漏变量问题会对结果产生向上的偏误。但是由于数据库限制，这一遗漏变量无法度量，而且本书采用的是截面数据，没有办法通过固定效应消除遗漏变量所带来的偏误。另外，本书所测算的教育代际流动不能完全反映一个城市的教育机会公平问题，因此，可能存在测量上的误差。针对上述内生性问题，本书通过工具变量的方法来解决。

本书选取同一省份所有其他城市代际流动的均值作为本市教育代际流动的工具变量。选择该工具变量的可行性在于：①同一省份内部的城市之间文化传统相近，且经济社会往来较为密切，财政、教育、医疗等方面的政策也较为接近，因此，城市之间的教育代际流动水平可能存在较大的相关性。②其他城市的代际流动对本市居民的幸福感具有外生性，这是因为教育代际流动是一个相对抽象的概念，一个城市教育代际流动水平的大小或者教育机会公平的程度更多是由受访者通过和本地居民相互比较才能感知。也就是说，需要身处其中才能感受到，进而对其幸福感产生影响，即使网络媒体比较发达、信息传递速度比较快，但是如果没有面对面的交流和比较，也难以判断和感知教育代际流动水平的大小，居民的幸福感也较难受到影响。因此，本城市的教育不公平对邻近城市居民的幸福感的影响可能会非常小。需要说明的是，直辖市无法利用上述方法构造工具变量，故剔除了直辖市样本，剔除直辖市前后的样本量变化很小，对结果不会造成较大的影响。

本书同时使用两阶段最小二乘模型（2SLS）和工具变量有序Probit（IV Oprobit）模型进行估计。估计结果见表4-9，一阶段估计结果显示，同省其他城市的代际流动均值和本市的代际流动水平之间存在高度的负相关关系，且一阶段F统计值远大于10，表明不存在弱工具变量问题。代际流动与工具变量之间负相关关系的原因可能是教育资源如教育财政资金影响各城市的教育代际流动，而教育资源在城市之间具有竞争性，从而导致本市的代际流动和省内其他城市的代际流动均值之间存在此高彼低的关系。整体回归结果表明，使用工具变量之后代际流动对居民主观幸福感的影响依然在1%的水平上显著，2SLS模型的系数估计值为0.031，是OLS估计值的3倍左右，使用IV Oprobit模型的系数估计值也显著为正。以上结果表明，使用工具变量进行估计的系数有所增大，说明未使用工具变量进行估计的系数可能对结果存在低估，这进一步证明了本书结论的稳健性。

表4-9 使用工具变量的估计结果

	（1）	（2）	（3）	（4）
	2SLS	2SLS	IV Oprobit	IV Oprobit
	$\overline{Igm}_{25,c}$	幸福感	$\overline{Igm}_{25,c}$	幸福感
绝对代际流动 $\overline{Igm}_{25,c}$		0.031*** (0.006)		0.039*** (0.007)
同省其他城市平均代际流动	−2.133*** (0.013)		−2.133*** (0.013)	
城市控制变量	是	是	是	是
个体控制变量	是	是	是	是
地区固定效应	是	是	是	是
一阶段F统计值	1 596.400		1 683.380	
观测值	15 732	15 732	15 732	15 732
R^2	0.784	0.100	0.785	0.038

4.2.6 机制分析

前文已经证实，代际流动会显著影响居民的幸福感，那么代际流动会通过什么渠道影响居民的幸福感呢？著名的盖茨比曲线表明了社会不平等程度与代际流动性的高低存在负相关关系，因此较高的代际流动水平可能会缩小贫富差距，提高社会公平程度，进而提高居民的幸福感。早期教育机会不平等会在个体进入社会以后逐步发展为收入水平、家庭经济地位或社会地位等方面的不平等，这种不平等可能会降低人们的幸福感。其内在的逻辑是，在一个代际流动相对较低的环境中，个人的受教育水平以及收入水平在很大程度上取决于父代，个体自我实现的需求很难得到满足；尤其是低收入群体的经济地位无法得到改善，带来的后果是社会贫富差距进一步扩大，收入不平等的加剧使得居民对未来的生活失去信心从而降低其幸福感。

本书通过 CFPS2010 年问卷调查中个人收入水平计算各城市的基尼系数，基尼系数越大表明该城市收入分配越不平等，贫富差距越严重。表4-10给出了整体的回归结果，其中第（1）列是基准回归结果，第（2）列是代际流动对基尼系数的回归结果，第（3）列是加入中介变量之后的回归结果，从结果中可以看出，代际流动的提高缓解了贫富差距的严重程度，加入基尼系数后，代际流动对居民主观幸福感的影响不再显著，这证实了代际流动通过缩小贫富差距进而提高居民主观幸福感的假说。

表4-10　　　　　　　　　　机制分析

	（1）	（2）	（3）
	幸福感	基尼系数	幸福感
绝对代际流动 $\overline{Igm}_{25.c}$	0.014*** (0.005)	−0.004*** (0.000)	0.003 (0.005)
基尼系数			−0.265** (0.134)
城市控制变量	是	是	是
个体控制变量	是	是	是
地区固定效应	是	是	是
观测值	16 407	16 407	16 407
R^2	0.053	0.374	0.066

4.3 教育代际流动性对居民社会信任的影响

上述研究以及刘小鸽等（2018）的研究都表明地区教育代际流动对居民的幸福感会产生影响，高的代际流动水平还能够促进高技能人才的流入（王伟同等，2019）。不仅如此，著名的盖茨比曲线（The Great Gatsby Curve）也表明了，代际流动越高的地区，其贫富差距也会越小。然而目前还鲜有文献从城市层面研究教育代际流动对居民社会信任水平的影响。作为一项重要的社会资本，社会信任对于促进居民合作、社会稳定以及经济可持续发展都有极为重要的意义。

着眼于社会信任的现实困境和提升路径，本节致力于考察地区教育代际流动对居民社会信任的真实影响。为探究教育公平与社会信任之间的关系，本节分析城市层面25百分位阶层的教育代际流动性对居民社会信任水平的影响。选取这一阶层的原因在于，这部分个体是底层群体，也是弱势群体，其社会信任水平关乎整个社会的稳定和发展。

4.3.1 模型设定与数据说明

1）模型设定

本节所使用的基准回归模型如下：

$$trust_{i,c} = \alpha + \beta_3 \overline{Igm}_{25,c} + \gamma X_c + \delta M_i + v_p + \varepsilon_c \tag{4-3}$$

其中，i，c 分别表示个体和个体所在的城市，X_c 为代表城市特征的一系列变量，M_i 为代表个体特征的一系列变量，v_p 为地区固定效应，ε_c 为随机扰动项。β_3 是地区教育代际流动对居民社会信任水平的影响，也是本书重点关注的系数。β_3 显著为正，表明地区教育代际流动性的增强能够显著提高居民的社会信任水平；β_3 显著为负，则表明地区教育代际流动性的增强能够显著降低居民的社会信任水平；β_3 不显著，则表明地区教育代际流动性与居民的社会信任水平没有关系。

2）变量设置

（1）被解释变量。被解释变量社会信任是根据 2016 年中国家庭追踪调查（CFPS）问卷中的问题"对陌生人的信任度"进行设定的，0 代表非常不信任，10 代表非常信任，数字越大，信任度就越高。

（2）解释变量。$\overline{Igm}_{25,c}$ 是各个城市的绝对教育代际流动水平，也是本节的核心解释变量，其数值已在上一章中给出，前面表 4-1 中给出了部分城市 25 百分位群体的绝对教育代际流动水平，其数值越大，表示该城市教育代际流动性越强。

（3）控制变量。个体层面的因素和特征已被广泛验证对居民的社会信任有着显著的影响（汪汇等，2009；黄健等，2012；史宇鹏等，2016；黄玖立等，2017），因此本书控制了一系列个体层面的特征，包括个体的收入（由于样本收入的缺失值比较多，因此本书在基准回归结果中同时报告了控制变量中包含收入和不包含收入的结果）；年龄以及年龄的平方，以往研究认为，个体随着年龄的增长，社会经验随之变化，对社会的信任程度也会不断发生变化（Mishler 和 Rose，2001；汪汇等，2009），因此本书在控制变量中加入了年龄及年龄的平方项；性别，男性为 1，女性为 0；是否为城镇居民，城镇居民为 1，农村居民为 0；受教育年限，最低为 0，最高为 19；政治面貌，党员为 1，其他为 0；婚姻状况，在婚为 1，未婚、同居、离异和丧偶都为 0；健康状况，0 代表身体非常不健康，5代表身体非常健康。个体层面的数据来源是2016年CFPS数据库。除了控制个体层面的特征外，本书还加入了一系列代表城市特征的变量，Algan和Cahuc（2010）以及崔巍和陈珉（2016）的研究都发现，经济增长与社会信任之间有较为显著的正相关关系，因此，本书加入代表经济发展水平的变量（lnGRP、失业率）。公共资源供给的水平和分配规则对社会信任有显著的影响（史宇鹏等，2016），因此，本书加入了教育财政支出水平（生均教育财政支出占比）、专任教师数、绿化面积、病床数等表示教育、医疗、环境等公共资源与服务供给的变量。除此之外，本书还控制了城市的开放程度，人口规模和密度以及服务业占比。城市的开放程度较高会导致城市内部的异质性程度较高，居民之间的相似度下降，从而对居民的社会信任水平产生影响（李涛，2008）。人口密度、人口规模以及一个城市服务业所占的比例会影响人们的交往频次。交往频次越多，对他人的信任度可能也会越高（Delhey和Newton，2003）。城市层面的数据来源是《中国城市统计年鉴》和国泰安数据库。另外，本书探讨的是教育代际流动与社会信任的关系，那么，父代受教育水平的高低对子代也会产生异质性影响。具体而言，当教育代际流动变化时，高学历父代的子代对这种变化可能不敏感，因而对其社会信任的影响不大，但当父代的学历水平比较低时，子代对教育代际流动的变化可能会非常敏感，进而影响其社会信任，因此，本书在作异质性分析时，将父代的受教育水平也考虑进来。

3）变量的描述性统计

上述这些变量的描述性统计见表4-11。

表 4-11　　　　　　　　　　主要变量的描述性统计

变量名	观测值	均值	标准差	最小值	最大值
社会信任	14 375	1.902	2.117	0.000	10.000
绝对代际流动	15 350	13.397	2.058	8.747	18.417
子代受教育年限	15 350	7.099	4.693	0.000	19.000
父代受教育水平	12 846	1.924	1.057	1.000	8.000
收入对数	2 361	9.876	1.060	0.000	16.148
性别	15 350	0.490	0.500	0.000	1.000
年龄	15 350	48.564	16.359	16.000	104.000
年龄的平方	15 350	2 626.045	1 634.909	256.000	10 816.000
婚姻状况	15 350	0.836	0.371	0.000	1.000
健康状况	15 350	3.097	1.253	1.000	5.000
是否为城镇居民	15 350	0.418	0.493	0.000	1.000
是否为党员	15 350	0.080	0.271	0.000	1.000
lnGRP	15 350	16.625	0.838	14.781	19.278
生均教育财政支出占比	15 350	0.082	0.072	0.008	0.317
第三产业占比	15 350	39.060	7.571	25.420	64.820
专任教师对数	15 350	10.668	0.586	8.922	11.947
病床对数	15 350	9.863	0.598	8.221	11.656
绿地面积对数	15 350	8.187	0.981	5.768	11.742
使用外资金额的对数	14 064	10.564	1.430	7.103	14.450
人口对数	15 350	6.121	0.545	4.454	7.272
失业率	15 350	0.005	0.004	0.000	0.022
人口密度对数	15 350	5.958	0.757	4.040	7.882

4.3.2 基准回归结果分析

表 4-12 给出了基准回归的结果，前两列是采用普通最小二乘回归得出的结果，第（1）列控制了绝对代际流动和个体层面以及城市层面的变量，由于加入收入之后样本量变化比较大，本书将加入收入之后的回归结果单独报告出来，如第（2）列所示。为了使结果更加稳健，本书还采用了 Ordered Probit 模型进行回归，第（3）列和第（4）列是采用 Ordered Probit 模型得出的回归结果。由于 Ordered Probit 模型的回归系数不代表边际效应，因此，只看其正负号，而不涉及其边际效应。从结果可以看出，在采用不同方法和控制不同控制变量组的情况下，绝对代际流动对居民社会信任水平的影响均显著为正，表明绝对代际流动性的增强能够显著提高居民的社会信任水平。由第（1）列的回归结果可知，绝对代际流动对社会信任的影响系数约为 0.04，即当绝对代际流动提高 10 个百分点，社会信任提高 0.4 个单位。由描述性统计可知，整个样本社会信任的均值为 1.9，而提高 0.4，相当于社会信任提高了 20% 左右。可见，绝对代际流动对社会信任的影响比较大。

表 4-12　　　　　　　　基准回归结果

变量	（1）	（2）	（3）	（4）
	OLS 回归	OLS 回归	Ordered Probit	Ordered Probit
绝对代际流动 $\overline{Igm}_{25,c}$	0.043***	0.040***	0.025***	0.024***
	(0.014)	(0.014)	(0.007)	(0.007)
lnGRP	−0.041	−0.108	0.012	−0.032
	(0.119)	(0.117)	(0.062)	(0.062)

变量	（1）	（2）	（3）	（4）
	OLS回归	OLS回归	Ordered Probit	Ordered Probit
生均教育财政	−1.447*	−1.591*	−0.677	−0.749*
支出占比	(0.846)	(0.834)	(0.441)	(0.442)
人口密度对数	−0.062	−0.094	−0.023	−0.045
	(0.061)	(0.060)	(0.031)	(0.032)
第三产业占比	−0.029***	−0.028***	−0.015***	−0.014***
	(0.006)	(0.006)	(0.003)	(0.003)
专任教师对数	0.596**	0.519**	0.289**	0.249**
	(0.234)	(0.231)	(0.121)	(0.122)
病床对数	−0.238*	−0.178	−0.148**	−0.110
	(0.138)	(0.136)	(0.072)	(0.072)
地面积对数	−0.001	0.016	−0.004	0.008
	(0.070)	(0.069)	(0.036)	(0.037)
使用外资金额的	0.181***	0.167***	0.092***	0.087***
对数	(0.036)	(0.036)	(0.019)	(0.019)
人口对数	−0.478**	−0.402**	−0.200*	−0.156
	(0.199)	(0.197)	(0.102)	(0.103)
失业率	−17.280*	−19.028**	−10.409**	−11.714**
	(8.956)	(8.821)	(4.675)	(4.695)
受教育水平		0.036***		0.021***
		(0.005)		(0.003)

变量	（1）OLS回归	（2）OLS回归	（3）Ordered Probit	（4）Ordered Probit
性别		0.399***		0.209***
		(0.037)		(0.020)
年龄		−0.041***		−0.022***
		(0.007)		(0.004)
年龄的平方		0.0004***		0.0002***
		(0.000)		(0.000)
婚姻状况		−0.203***		−0.086***
		(0.056)		(0.030)
健康状况		0.001		−0.0005
		(0.016)		(0.008)
是否为城镇居民		0.056		0.047**
		(0.040)		(0.021)
是否为党员		0.268***		0.120***
		(0.069)		(0.036)
常数项	1.587	3.252**		
	(1.422)	(1.415)		
观测值	13 222	13 222	13 222	13 222
R^2	0.020	0.051	0.008	0.018

4.3.3 异质性分析

市场化可以提高经济运行的效率，但一味追求市场化也会出现市场失灵的问题，教育作为一种公共产品，如果主要由市场来提供，那么，优质的教育资源会更多地被优势群体所获得。这也就意味着在市场化程度较高的地方可能存在较大的教育不公，居民对他人的信任也会受到更大影响。中国传统的"男主外，女主内"的性别分工使得女性更关注家庭，而男性更关注自身的发展，比如所取得的学历以及在社会上的经济地位等。因此，相较于女性而言，男性对教育机会的公平会更加关注和敏感，其社会信任水平也会受到更大的影响。另外，中国长期存在的城乡二元分割局面使得农民与市民在户籍、住宅、教育、医疗等多种制度方面存在着被差别对待的情况，从而导致拥有农业户口的居民在教育机会方面遭受到了较大的不公，其社会信任必然会受到极大影响。基于以上理论层面的分析，本书在基准回归的基础上进一步考察了绝对代际流动性对不同群体社会信任水平的异质性影响。

从表4-13可以看出，绝对代际流动对居住于市场化程度不同的城市的居民、不同性别的居民、农村居民和城镇居民等不同群体社会信任水平的影响有显著差异。表4-13前两列给出了居住于市场化程度不同的城市居民的异质性影响。本书使用樊纲指数来衡量我国各省份的市场化程度。樊纲指数采用一套客观的指标体系对各省份的市场化进程进行衡量，因而较为准确地刻画了各地的市场化程度。本书将市场化指数位于均值以上的城市定义为市场化程度较高的城市，而位于均值以下的城市则定义为市场化程度较低的城市。结果如理论所分析的，市场化程度较低城市的居民的信任水平没有受到绝对代际流动的影响，而市场化程度较高城市的居民的信任水平则受到了显著的影响。这也从侧面反映了市场在公共产品领域的供给失灵，政府应该积极干预教育产品的供给以缓解市场失灵所导致的教育不公，从而提高居民之间的信任程度。表4-13中第（3）、（4）列给出了个体性别的异质性影响，结果表明男性的社会信任受到了绝对代际流动的显著影响，女性的信任水平则没有显著的变化。表4-13最后两列给出了拥有农业户口与非农业户口群体的异质性影响，从结果可以看出，绝对代际流动的变化对拥有农业户口居民的信任水平有显著的影响，对非农业户口的居民的信任水平没有明显的影响。上述异质性分析的结论均符合理论分析和经济直觉，从侧面验证了基准回归结果的可信性。

表4-13 分样本回归结果

变量	（1）市场化程度高	（2）市场化程度低	（3）男性	（4）女性	（5）农业户口	（6）非农业户口
绝对代际流动 $\overline{Igm}_{25,c}$	0.064***	0.016	0.061***	0.019	0.050***	0.037
	(0.023)	(0.023)	(0.020)	(0.019)	(0.016)	(0.035)
城市控制变量	是	是	是	是	是	是
个体控制变量	是	是	是	是	是	是
地区固定效应	是	是	是	是	是	是
观测值	7 983	5 239	6 470	6 752	10 601	2 621
R^2	0.048	0.053	0.054	0.032	0.046	0.083

基准回归结果表明，居民的社会信任水平会受到教育代际流动性的影响，那么，不同家庭教育背景和自身人力资本水平的个体的社会信任水平受到教育代际流动性的影响应该也不同。从理论上来说，低学历父代的高学历子代群体的社会信任水平应该更容易受到教育代际流动性的影响。这是因为，就父代学历而言，高学历父代的子代由于其父代学历较高，对教育代际流动性的高低并不关心也不敏感，但是

对于低学历父代的子代，教育代际流动性的高低决定着其受教育机会的大小，因而这部分群体对此会非常敏感；而在低学历父代的子代中，高学历子代要突破自身家庭所处的教育阶层需要承受更多的教育不公平，因而其社会信任水平受到的影响也最大。为验证这一假设，本书将父代与子代匹配，将父代按照受教育水平分为高学历父代和低学历父代，并对高学历父代的高学历子代和低学历子代以及低学历父代的高学历子代和低学历子代受教育代际流动的情况分别进行考察，结果见表4-14。从表中可以看出，只有低学历父代的子代会受到绝对代际流动的影响，而且从低学历父代的子代的系数的比较上可以看出，低学历父代的高学历子代的系数是低学历父代的低学历子代的2倍，也就是说，受到影响最大的是低学历父代的高学历子代，提高绝对代际流动会显著提高其对社会的信任水平。

表4-14　　**父代学历与子代学历对社会信任的异质性影响**

变量	(1)	(2)	(3)	(4)
	高学历父代	高学历父代	低学历父代	低学历父代
	高学历子代	低学历子代	高学历子代	低学历子代
绝对代际流动 $\overline{Igm}_{25,c}$	0.045 (0.047)	0.014 (0.039)	0.101** (0.045)	0.052*** (0.019)
城市控制变量	是	是	是	是
个体控制变量	是	是	是	是
地区固定效应	是	是	是	是
观测值	1 300	1 701	1 290	6 936
R^2	0.102	0.033	0.060	0.039

4.3.4　稳健性检验

为了证明上述结果比较稳健，本书还作了一系列稳健性检验：

1）剔除人口净流入前 10 名的城市

由于本书在测度教育代际流动水平时根据 Chetty 等（2014）的做法，将个体的出生地作为其所在地，而不论其之后发生怎样的变化，但是由于中国改革开放以来出现了大量人口向东南沿海（如北京、上海、深圳、广东等一线城市）集聚的趋势，这样如果仅采用本地居民来测度这些城市的绝对代际流动就会出现较大的误差。为了消除这种度量误差对结果造成的影响，本书参照 2010 年的人口普查数据，将人口净流入前 10 名的城市，上海、北京、深圳、东莞、广州、天津、苏州、佛山、成都、厦门剔除掉。

2）剔除流动人口样本

由于各个城市的教育代际流动水平不同，这会对流动人口的教育代际流动水平的衡量造成影响，导致结果出现偏差，因此，在进行稳健性检验时，本书将户口发生迁移以及居住地发生迁移的样本全部剔除。

3）剔除 55 岁以上的样本

删除 55 岁以上的样本是因为在中国，男性 60 岁退休，而女性 55 岁退休，剔除 55 岁以上的样本就可以完全排除样本是否在劳动力市场中所带来的影响。

4）在回归中加入收入这一变量

由于加入收入之后，样本量发生了很大变化，但同时收入也会在一定程度上影响人们对社会的信任水平，因此，这里将个人收入水平加入回归中，看绝对代际流动对社会信任的影响是否会发生较大的变化。

结果如表 4-15 所示，从表中可以看出，剔除人口净流入前 10 名的城市以及流动人口样本之后，系数略有增大，而且依然在 1% 的水平上显著。剔除 55 岁以上的样本之后，发现系数没有发生太大改变，结果还是比较显著的。从第（4）列可以看出，将收入水平放入回归中后，虽然样本量发生了急剧的下降，但是结果依然在10%的水平上显著，而且，从回归系数来看，绝对代际流动对社会信任的影响增大。这进一步证实了本书的结论。

表4-15　　　　　　　　　稳健性检验

变量	（1）剔除人口净流入前10名的城市	（2）剔除流动人口样本	（3）剔除55岁以上的样本	（4）加入收入变量
绝对代际流动 $\overline{Igm}_{25,c}$	0.042*** (0.014)	0.046*** (0.014)	0.038** (0.0170)	0.073* (0.037)
城市控制变量	是	是	是	是
个体控制变量	是	是	是	是
地区固定效应	是	是	是	是
观测值	12 654	12 469	8 608	2 215
R^2	0.050	0.048	0.076	0.072

4.3.5　工具变量估计

虽然本书作了一系列稳健性检验，但还是不能排除遗漏变量和测量误差所带来的内生性问题，不同地区不同城市的文化传统以及居民的风俗习惯存在差异，对教育的重视程度也会不同，对教育重视程度越高的地方，其教育代际流动水平会越高，居民的社会信任水平也会越高，因此，这种遗漏变量问题会对结果产生向上的偏误，但是由于数据库限制，这一遗漏变量无法度量，而且本书采用的是截面数据，没有办法通过固定效应消除遗漏变量所带来的偏误。另外，本书所测算的教育代际流动不能完全反映一个城市的教育机会公平，因此，可能存在测量上的误差，针对上述内生性问题，本书通过工具变量的方法来解决。

　　本书选取了同一省份其他所有城市教育代际流动的均值作为本市教育代际流动的工具变量。选择该工具变量的可行性在于：①同一省份内部的城市之间文化传统相近，且社会往来较为密切，财政、教育、医疗等方面的政策也较为接近，因此，城市之间的教育代际流动水平可能存在较大的相关性。②其他城市的教育代际流动对本市居民的社会信任水平较为外生，这是因为教育代际流动是一个相对比较抽象的概念，一个城市教育代际流动水平的大小或者教育机会公平的程度更多是由受访者通过和本地居民相互比较才能感知的。也就是说，需要身处其中才能感受到，进而对其社会信任水平产生影响，即使网络媒体比较发达、信息传递速度比较快，如果没有面对面的交流和比较，也难以判断和感知教育代际流动水平的大小，居民的社会信任水平也较难受到影响。因此，本城市的教育不公平对邻近城市居民的社会信任水平的影响可能会非常小。需要说明的是，直辖市无法利用上述方法构造工具变量，故剔除了直辖市样本，剔除直辖市前后的样本量变化很小，对结果不会造成较大的影响。

　　本节同时使用两阶段最小二乘模型（2SLS）和工具变量有序Probit（IV Oprobit）模型进行估计。估计结果如表4-16所示，一阶段估计结果显示，同省其他城市的教育代际流动均值和本市的绝对代际流动水平之间存在高度的负相关关系，且一阶段F统计值远大于10，表明不存在弱工具变量问题。绝对代际流动与工具变量之间的负相关关系可能是由于教育资源，如教育财政资金影响各城市的教育代际流动，而教育资源在城市之间具有竞争性，从而导致本市的绝对代际流动和省内其他城市的教育代际流动均值之间存在此高彼低的关系。整体回归结果表明，使用工具变量之后，绝对代际流动对社会信任的影响依然在1%的水平上显著，2SLS模型的系数估计值约为0.08，是OLS估计值的2倍左右，使用IV Oprobit模型的系数估计值也显著为正。以上结果表明，使用工具变量进行估计的系数有所增大，说明未使用工具变量进行估计的系数可能对结果存在低估，这进一步证明了本书结论的稳健性。

表4-16　　　　　　　　使用工具变量的估计结果

变量	（1）	（2）	（3）	（4）
	2SLS	2SLS	IV Oprobit	IV Oprobit
	$\overline{Igm}_{25.c}$	社会信任	$\overline{Igm}_{25.c}$	社会信任
绝对代际流动 $\overline{Igm}_{25.c}$		0.082*** (0.018)		0.047*** (0.009)
同省其他城市平均教育代际流动	−1.902*** (0.014)		−1.918*** (0.014)	
城市控制变量	是	是	是	是
个体控制变量	是	是	是	是
地区固定效应	是	是	是	是
一阶段F统计值	1 513.270		1 592.710	
观测值	12 720	12 720	12 720	12 720
R^2	0.811	0.054	0.809	0.018

4.3.6　机制分析

前文已经证实，教育代际流动会显著影响居民的社会信任水平，那么，教育代际流动会通过什么渠道影响居民的社会信任水平呢？著名的盖茨比曲线表明了社会不平等程度和教育代际流动性的高低存在负相关关系，因此，较高的教育代际流动水平可能会缩小贫富差距，提高社会公平程度，进而提高居民对他人的信任水平。

早期教育机会不平等会在个体进入社会以后逐步发展为收入水平、家庭经济地位或社会地位等方面的不平等，这种不平等可能会降低人们相互之间的信任。在一个教育代际流动相对较低的环境中，个人的受教育水平以及收入水平在很大程度上取决于父代，个体自我实现的需求很难得到满足，尤其是低收入群体的经济地位无法得到改善，带来的后果是社会贫富差距进一步扩大。收入不平等的加剧，一方面使得处于这种环境中的低收入者更容易产生相对剥夺感、更强烈的压力感和无助感（Uslaner 和 Brown，2005；Neckerman 和 Torche，2007），从而拒绝表现出对他人和社会的信任；另一方面使得社会阶层和社会地位的分化更为严重，高度分化的社会更为封闭，不同阶层的人较难相遇与合作（Wilkinson 和 Pickett，2009），进而难以信任他人并取得他人的信任。

由于 CFPS 数据库 2016 年的收入缺失值较多，本书通过 CFPS 2016 年的问卷调查中"您的收入在本地的地位"以及"贫富差距的严重程度"这两个问题的答案来衡量收入水平和贫富差距。对于第一个问题，数值越大表明自评经济地位越高，而对于第二个问题，数值越大表明贫富差距越严重。本书将通过这两个指标来检验教育代际流动影响社会信任的中介机制。表4-17给出了整体的回归结果，其中，第（1）列和第（4）列是基准回归结果，第（2）列和第（5）列是教育代际流动对自评经济地位和贫富差距的回归结果，第（3）列和第（6）列是加入中介变量之后的回归结果。从结果可以看出，教育代际流动提高了经济地位，缓解了贫富差距严重程度。加入自评的经济地位和贫富差距严重程度后，教育代际流动对社会信任的影响程度均有所下降，二者共同解释了超过10%的中介效应。尤其是经济地位，加入该变量之后，教育代际流动对社会信任的影响明显变小。

表4-17　　　　　　　　　机制分析：自评经济地位与贫富差距

变量	(1) 社会信任	(2) 经济地位	(3) 社会信任	(4) 社会信任	(5) 贫富差距严重程度	(6) 社会信任
绝对代际流动 $\overline{Igm}_{25,c}$	0.041*** (0.014)	0.014** (0.007)	0.038*** (0.014)	0.040*** (0.014)	−0.030* (0.017)	0.039*** (0.014)
经济地位			0.252*** (0.018)			
贫富差距严重程度						−0.021*** (0.007)
城市控制变量	是	是	是	是	是	是
个体控制变量	是	是	是	是	是	是
观测值	12 614	12 614	12 614	13 222	13222	13 222
R^2	0.053	0.041	0.067	0.051	0.074	0.052

　　上述分析表明，自评经济地位和贫富差距是教育代际流动影响社会信任的重要机制，而自评经济地位解释了接近10%的中介效应，相对于贫富差距而言是一个更为重要的机制。那么，进一步地，本书认为这种机制效应应该更多地体现在经济地位处于中下层的群体中，这是因为对于经济地位处于上层的群体而言，教育代际流动提高时，其经济地位无法得到改善甚至可能会下降。这显然不利于其信任水平的提高。本书按照经济地位的大小将样本群体分为中下层和上层两个群体（本书将经济地位为1、2、3的群体定义为中下层群体，经济地位为4、5的群体定义为上层群体），然后检验不同群体中经济地位的中介效应，结果如表4-18所示。从结果可以看出，加入经济地位之后，教育代际流动对中下层群体的社会信任水平的影响明显下降，显著性也有所降低。对于上层群体，教育代

际流动性的增强降低了其经济地位。而且加入经济地位之后，教育代际流动对其社会信任程度的影响几乎没有发生变化。这说明教育代际流动主要是通过提高中下层群体的经济地位进而提升其社会信任水平的。

表4-18　　　　　　　机制分析：自评经济地位（分样本）

变量	（1）社会信任	（2）经济地位（中下层）	（3）社会信任	（4）社会信任	（5）经济地位（上层）	（6）社会信任
绝对代际流动 $\overline{Igm}_{25, c}$	0.038*** (0.015)	0.012** (0.006)	0.034** (0.015)	0.087* (0.051)	−0.016 (0.010)	0.087* (0.051)
经济地位			0.287*** (0.024)			0.008 (0.146)
城市控制变量	是	是	是	是	是	是
个体控制变量	是	是	是	是	是	是
地区固定效应	是	是	是	是	是	是
观测值	11 441	11 441	11 441	1 173	1 173	1 173
R^2	0.057	0.062	0.069	0.054	0.101	0.053

通过计算系数变化幅度能够发现，自评经济地位和贫富差距这两个中介变量解释了大概10%的中介效应。从统计意义上来说，10%确实是一个比较小的数字，但是从经济意义上讲，这两个变量所起到的中介效应却非常重要。伴随着经济社会的发展，贫富差距在不断扩大，收入阶层固化的趋势也在不断加强，这势必会对经济社会产生负面的影响，甚至可能威胁到社会的稳定。如果提高教育代际流动确实

能在一定程度上通过缩小贫富差距以及提高中下层群体的经济地位进而提高居民的社会信任水平，那么，也就意味着，提高教育代际流动不仅能提高社会信任水平，还能在一定程度上阻止贫富差距的进一步恶化，因而具有较为重要的经济意义。同时，贫富差距的有效控制能够对社会信任水平的提升存在一定的促进作用，这一链条对于更好认识教育公平的社会价值具有重要的现实意义。另外，如果收入差距的扩大所导致的阶层固化使得人与人之间的信任水平下降，那么，受教育水平差距的扩大也可能会导致不同受教育水平的人之间较难合作与沟通，以至于彼此之间难以相互信任。也就是说，教育代际流动可能更多的是直接对社会信任产生影响，Paxton（2002）、Huang et al.（2009）、黄健和邓燕华（2012）以及 Oskarsson et al.（2017）等诸多学者的研究都表明受教育水平对居民的社会信任水平有着非常重要的决定作用。因此，本书选取的机制变量能够解释其中 10% 的传导渠道，已具备较强的经济意义。

贫富差距的缩小能够增强社会各阶层之间的流动性，缓解社会阶层固化问题，使处于各阶层的人有更多相互接触与合作的机会。尤其对于中下层群体而言，经济地位的提高使得其与上层群体的差距逐渐缩小，其感受到来自社会和他人的压迫感和无助感也会减少，这显然有助于提高居民对他人的信任水平。因此，纵向的教育代际公平会通过提高横向的社会公平，进而推动社会信任水平的提高。

4.4　本章小结

本章将前文所测算的各城市底层 25 百分位阶层的教育代际流动性水平与微观数据库和宏观数据库相匹配，研究了教育代际流动对经济社会和个人态度行为所产生的影响，本书主要选取贫富差距这一指标来衡量经济社会的影响，而个人主观态度则用居民主观幸福感和居民的社会信任水平来衡量，居民主观幸福感是个人对自己的一种综合性评价，而社会信任水平则是个人对他人的一种综合性评价，而且信任作为社会资本的核心，对社会和谐和经济发展都有着非常重要的作用，因此上述三个指标能够较为全面地刻画教育代际流动性在经济社会的稳定和发展方面的重要性。

本章实证研究结果表明，教育代际流动性在缩小贫富差距、提高居民的幸福感和提高居民对陌生人的信任程度上都有显著的效果，其中，代际流动每提高 10 个百分位，基尼系数将下降 0.04 个单位，居民主观幸福感提高 0.14 个单位，社会信任水平提高 0.4 个单位，这些影响不仅在统计上显著，在经济意义上也非常显著，而且教育代际流动对贫富差距、居民主观幸福感和社会信任水平的显著影响在多种稳健性检验下都成立。异质性分析表明，教育代际流动对居民主观感受的影响在不同性别、城市和农村、市场化程度不同的城市以及不同受教育水平之间存在非常显著的差异，而传导机制分析表明，贫富差距是代际流动影响居民主观幸福感和社会信任水平的重要传导因素。

以上研究结论为教育代际流动性影响贫富差距和居民主观态度提供了微观证据，也就是说提高教育代际流动，能在一定程度上改善我国目前收入不平等状况，提高居民主观幸福感和满足感，提升人与人之间的信任水平，这些都有利于整个社会的和谐与稳定，有助于促进全体人民共同富裕，而这反过来也证明了教育代际流动性的重要性，因此如何进一步提高教育代际流动性以及缩小教育代际流动性的差异就成为了非常重要的议题，这也是本书下一章的研究内容。

公共教育支出对教育代际流动性的影响及问题分析

上两章已通过数据对教育代际流动性进行了科学的测度，并实证研究了教育代际流动性的变化对共同富裕所产生的重要影响，进而证实了本书所研究的问题——教育代际流动的重要性，既然教育代际流动性的提高能够缩小贫富差距、提高居民主观幸福感和社会信任水平进而促进共同富裕，那么，如何进一步提高教育代际流动性？本章拟从教育财政的角度探讨公共教育支出对教育代际流动水平的影响以及现阶段我国公共教育支出所存在的问题，进而为提高教育代际流动水平提供政策建议。

5.1 公共教育支出对教育代际流动性的影响

公共教育支出是政府干预教育产品供给的重要手段，作为政府财政支出的重要组成部分，公共教育支出是否对教育代际流动性产生了影响以及产生了怎样的影响？本节试图回答上述两个问题。本节首先通过数据实证检验了公共教育支出对教育代际流动性的影响，接着从理论上分析了公共教育支出的规模、结构以及政府间教育事权和支出责任的划分会对教育代际流动产生怎样的影响。

5.1.1 公共教育支出对教育代际流动性影响的实证分析

1）模型设定

本书采用如下的回归方程进行相关影响因素的估计：

$$\overline{Igm}_{25, c} = \alpha + \beta_4 edu_c + \gamma X_c + v_p + \varepsilon_c \tag{5-1}$$

式（5-1）中，c 表示城市，edu_c 是各城市生均教育财政支出占地区生产总值（GRP）的比重，这个变量是本节的核心解释变量。X_c 是城市层面的一系列控制变量，v_p 为地区固定效应，ε_c 为随机扰动项，β_4 是教育财政支出占比对代际流动性的影响，也是本书重点关注的系数。若β_4显著为正，表明教育财政支出占比的提高能够显著增强教育代际流动性；若β_4显著为负，则表明教育财政支出占比的提高能够显著降低教育代际流动性；若β_4不显著，则表明教育财政支出占比与教育代际流动性之间没有关系。本节采用的回归方法为最小二乘（OLS）回归。

2）变量设置

（1）被解释变量。$\overline{Igm}_{25}$ 依然是各个城市25百分位阶层的绝对教育代际流动水平，也是本节的被解释变量，其数值已在第4章中给出，其数值越大，表示该城市代际流动性越强。

（2）解释变量。本小节所关注的重要解释变量是各城市生均教育财政支出占地区生产总值的比重，数据来源于《中国城市统计年鉴》和国泰安数据库。

（3）控制变量。本小节的控制变量包括经济发展水平，产业结构、城市规模、公共服务供给以及城市职工平均工资，其中经济发展水平用地区生产总值来衡量，产业结构用第三产业的占比来衡量，城市人口数衡量了城市规模，城市的公共服务供给水平由病床数、专任教师数、学校数量以及绿地面积这几个指标来衡量，这些变量的描述性统计如表5-1所示。控制变量的数据来源于《中国城市统计年鉴》。

表5-1　　　　　　　　主要变量的描述性统计

变量	观测值	均值	标准差	最小值	最大值
绝对代际流动	114	13.422	2.094	8.747	18.417
lnGRP	114	16.749	0.926	14.769	19.278
生均教育财政支出占比	114	0.081	0.087	0.008	0.103
病床对数	114	9.903	0.677	8.221	11.910

变量	观测值	均值	标准差	最小值	最大值
人口对数	114	6.105	0.600	4.545	8.124
使用外资金额的对数	105	10.777	1.557	6.983	14.450
第三产业占比	114	39.718	9.051	19.76	77.95
专任教师对数	114	10.669	0.662	8.823	12.576
平均工资对数	114	10.774	0.199	10.391	11.546
学校数量的对数	114	6.789	0.722	4.934	8.7073
绿地面积的对数	114	8.403	1.093	5.768	11.794

3）回归结果分析

表5-2给出了逐步回归的具体结果。表中第（1）列是只加入控制变量的回归结果，第（2）列是将地区生产总值的对数lnGRP替换为生均教育财政支出占GRP的比重之后的回归结果，第（3）列是将所有控制变量和解释变量均加入到模型中的回归结果。从表中可以看出，不加生均教育财政支出占比时，lnGRP在10%的水平上与代际流动性显著负相关，这意味着经济发展水平越高的城市，其教育代际流动性越低，另外，病床对数也在一定程度上对教育代际流动性造成了影响。若只加入生均教育财政支出占GRP的比重以及控制变量，生均教育财政支出占比在1%的水平上显著，而病床对数不再显著。如果将生均教育财政支出占GRP的比重以及lnGRP都加入到模型中，lnGRP和病床对数都不再显著，而生均教育财政支出占比在5%的水平上显著为正，以上回归结果表明，在众多因素中，生均教育财政支出占GRP的比重对各城市教育代际流动性的影响最大。

	（1）	（2）	（3）
lnGRP	-2.117*		-1.503
	(1.231)		(1.326)
生均教育财政支出占比		8.723***	5.964**
		(2.788)	(2.975)
病床对数	2.529**	0.986	1.976
	(1.259)	(1.058)	(1.354)
人口对数	-0.129	0.845	0.239
	(1.801)	(1.681)	(1.767)
使用外资金额的对数	0.256	0.101	0.267
	(0.352)	(0.317)	(0.358)
第三产业占比	-0.020	-0.001	-0.026
	(0.051)	(0.046)	(0.052)
专任教师对数	-0.442	-0.830	-0.267
	(2.343)	(2.263)	(2.306)
平均工资对数	1.458	0.015	1.204
	(2.830)	(2.636)	(2.756)
学校数量的对数	0.264	0.135	0.220
	(1.048)	(1.001)	(1.028)
绿地面积的对数	0.234	0.054	0.204
	(0.506)	(0.529)	(0.515)
常数项	6.947	1.097	0.484
	(26.536)	(27.579)	(26.981)
地区固定效应	是	是	是
观测值	105	105	105
R^2	0.417	0.420	0.431

表5-2　　城市层面教育代际流动水平相关影响因素分析

注：观测值是城市层面的数据，*，**，***分别表示在10%、5%和1%的水平上显著。

5.1.2 公共教育支出对教育代际流动性影响的进一步分析

上一小节已经从实证角度证实了公共教育支出对教育代际流动性有显著正向的影响，本小节将进一步从理论上阐述公共教育支出的变动如何影响教育代际流动的水平。

从以往的研究中可以总结出，影响一个个体受教育水平的因素主要分为以下三个部分：私人教育投资、公共教育支出以及天赋（遗传性因素）。除此之外，社会资本、文化资本等其他因素也会影响到子女的受教育情况，但这不在本书将要考虑的范围之内。家庭收入、资产等用来投资教育与支付教育的费用都属于私人教育投资的范畴，对子代教育水平的高低有重要影响。不管是教育支出还是教育制度原因，私人教育投资支出更多的家庭无疑具有更好、更多的机会与资源，这些私人教育投资将转化为对子女教育更好的私人投资能力，并直接影响到子女的受教育水平。政府的公共教育支出是用来弥补家庭经济资本不足、无法投资子女教育的有力工具，对于低教育背景下的家庭而言（往往面临着较大的信贷约束），其子女可以依靠的更多是公共教育资源的投入。已有的文献也研究了遗传性因素在教育代际传递中可能起到的作用，高教育背景的父母，其子女也可能拥有较好的学习能力，这也将直接决定子女的最终受教育水平。

图 5-1 给出了个体受教育水平的影响因素，从图中可以看出一方面父代通过私人教育投资和天赋或者能力决定了子代的受教育水平，另一方面公共教育支出可以通过弥补私人教育投资的不足进而影响子代的受教育水平。具体的作用机制有如下两种情形：

情形一，对于受教育水平较高的家庭，其收入水平一般也比较高，此时公共教育投资和私人教育投资超过了该家庭最优人力资本投资水平，而对于受教育水平较低的家庭，其往往面临较低的收入水平，公共教育投资和私人教育投资未达到该家庭最优人力资本投资水平。那么对于家庭教育背景较好的家庭，公共教育支出将会挤出该家庭对子代的人力资本投资，但是总的投资水平不会发生变化，而对于家庭背景较差的家庭而言，公共教育支出弥补了其对子女教育投资的不足，从而使得不同家庭教育背景下的子代的人力资本投资的差距逐渐缩小，教育不公平问题在代际之间逐渐得以改善，最终使得个体因家庭教育背景所导致的受教育水平差距逐渐缩小，尤其对于低教育水平家庭，教育代际传递性减弱，代际流动性增强。

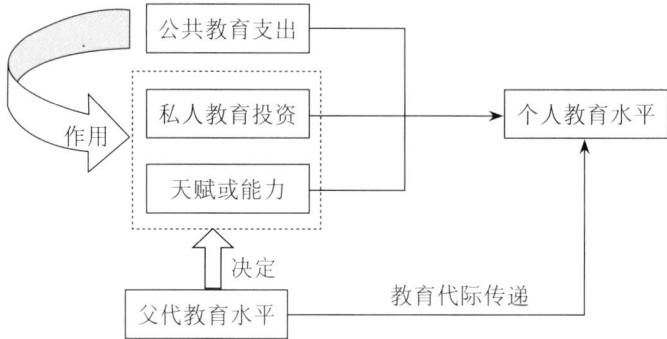

图5-1　个人受教育水平的影响因素分析图

情形二，无论是受教育水平较低的家庭还是受教育水平较高的家庭，公共教育投资和私人教育投资的总和都未能超过该家庭人力资本投资的最优水平，在这种情形下，虽然公共教育支出既能弥补教育背景较好的家庭的人力资本投资也能弥补教育背景较差的家庭的人力资本投资，但是，随着人力资本投资的增加，其带来的边际效用是递减的，公共教育支出的增加为教育背景较好的家庭所带来的效用低于为教育背景较差的家庭所带来的效用，那么，从这个角度来讲，公共教育支出也会缩小不同教育背景家庭的子代的受教育水平差距，进而提高教育代际流动性，促进教育代际公平。从地区层面来看，公共教育支出的规模、结构以及教育事权和支出责任在各级政府间的划分对各地区教育代际流动性的高低都存在影响。

首先，公共教育支出的规模会对教育代际流动性产生影响。我们使用经济合作与发展组织（简称"经合组织"或"OECD"）的相关数据来说明教育代际流动性和公共教育支出的规模之间的相关性，因此这里教育代际流动性的衡量，我们采用的是"国际成人能力评估项目（简称PIAAC）"中的教育向上流动性指标。PIAAC是经合组织所实施的国际项目之一，该项目是一个评估和分析成人技能的计划。PIAAC以成人技能作为主要调查内容，这项国际调查在40多个国家和经济体中进行，衡量了成年人在关键信息处理技能（识字、计算和解决问题）方面的熟练程度以及个人参与社会和经济繁荣所需的关键认知能力和工作技能，并收集了成年人在家庭、工作和更广泛的社区中如何使用这些技能的信息和数据，旨在对成年人在社会生活方面的能力进行评估。

根据经合组织PIAAC这一调查的主要调查项目《成人技能调查》，我们找到了衡量各个成员国家教育代际流动性的指标——教育的向上流动性指标。教育的向上流动性是指父母双方都具有高中以下学历，而子女具有高等教育的情况以及父母的最高学历是高中或中等以上非高等教育（即，一位父母或父母双方都具有这一教育水平）和子女受过高等教育的情况。该分析调查对25岁到44岁之间的非学生成年人及其父母进行了评估。由于分析关注的是已经完成的最高教育水平，25岁到44岁中追求高等教育的人群没有被包括在内。父母一方在国外出生的人与父母双方都在国外出生的人在教育方面的代际流动性可能不一样。但由于此类案例的观察数量较少，这个项目侧重于比较父母均为本国出生的人和父母均为外国出生的人。本书根据这一指标对OECD主要成员国的教育代际流动性进行了排名，具体排名情况如表5-3所示，另外，该表还给出了这些成员国2008年到2016年公共教育支出占 GDP 的比重，其中，空格表示该数值是缺失值，从表中可以看出，除挪威和瑞典等欧洲高福利国家以及日本外，总体上来说，教育流动性越高的国家，其公共教育支出占 GDP 的比重一般也比较高。

表 5-3　OECD 主要国家教育代际流动性排名和 2008—2016 年

各国公共教育支出占 GDP 的比例（%）

国家	流动性排名	2008	2009	2010	2011	2012	2013	2014	2015	2016
新西兰	1	5.51	6.28	7.00	6.94	7.15	6.70	6.35	6.34	6.44
以色列	2	5.54	5.49	5.54	5.56	5.69	5.88	5.78	5.85	5.85
芬兰	3	5.85	6.49	6.54	6.48	7.19	7.16	7.15	7.08	6.90
西班牙	4	4.50	4.87	4.82	4.87	4.43	4.33	4.28	4.27	4.21
爱尔兰	5	5.44	6.14	6.04	5.86	5.77	5.33	4.88	3.76	3.72
日本	6						3.67	3.59		3.19
比利时	7	6.29	6.42	6.41	6.38		6.64	6.64	6.54	6.55
荷兰	8	5.03	5.43	5.49	5.46	5.41	5.53	5.46	5.35	5.48
挪威	9	6.28	7.10	6.74	6.45	7.36	7.47	7.68	7.55	7.98
澳大利亚	10	4.64	5.09	5.55	5.07	4.87	5.23	5.16	5.31	5.27
美国	11						4.93	4.96		
波兰	12	5.04	4.99	5.07	4.82	4.81	4.94	4.91	4.81	4.64
瑞典	13	6.38	6.85	6.61	6.48	7.65	7.71	7.67	7.55	7.67
意大利	14	4.40	4.54	4.35	4.14	4.08	4.16	4.08	4.08	3.83
德国	15	4.41	4.88	4.91	4.81	4.93	4.93	4.92	4.81	4.80
智利	16	3.79	4.23	4.16	4.05		4.53	4.73	4.88	5.34

数据来源：根据世界银行数据库 https：//data.worldbank.org.cn 和 Education at a glance 2016 OECD indicators 整理。

不难理解，公共教育支出规模越高，教育支出占 GDP 的比重越高的地区，低教育背景的家庭和低收入背景的家庭的人力资本投入的贡献也越大，该地区低教育家庭和低收入家庭的子代的受教育水平受父代的影响就越小，代际流动性也越强，各教育背景的家庭的子代的受教育水平的差距也越小，教育也越公平。

其次，公共教育支出的结构会对教育代际流动性差异产生影响。以往研究结果表明，学前教育在所有教育阶段中的投资收益是最大的，最具代表性的是美国的佩里学前教育研究计划，该计划研究结果表明，学前教育投资是一种最省钱、回报率最高的公共投资，在儿童成长到27岁时，投资回报率是1：7.16，到40岁时，投资回报率是1：17.07。第二高的是义务教育的投资回报率，学前教育和义务教育统称为基础教育，基础教育是所有教育的基础，其重要性不言而喻，但是，如果政府投入更多财力在高等教育上势必会造成教育财政支出结构在各教育阶段的失衡，一方面，高等教育的投资回报率不如基础教育高，另一方面，对于教育背景和收入背景较差的家庭而言，如果在子代基础教育阶段的差距已经形成，通常来说，这种差距会随着学历的提高逐渐加大，即使在高等教育阶段投入再多的资金也很难弥补，一些教育背景和收入背景非常差的家庭的子代可能已经退出学校进入社会了，这非常不利于教育代际流动性的提高。上文已经证明，教育支出的规模对教育代际流动性的大小有着重要的影响，因此不同地区之间以及城市和农村之间公共教育支出的差异也必然会导致教育代际流动性在地区之间以及城市和农村之间存在差别，从而不利于教育代际公平的改善。

最后，教育事权与支出责任在不同级次政府间的划分也会影响教育代际流动性的强弱。教育事权与支出责任在不同级次政府间进行合理的划分不仅有利于各级政府明确自身的职责范围，也使各级政府有足够的财力去履行相应的支出责任，但是，教育事权和支出责任的划分本身是一个很大的系统工程，是一个顶层设计、各方面配合、协同推进的过程。涉及的部门之多、具体事项之繁杂使得我国的教育事权和支出责任的划分存在诸多不合理的地方。另外，我国法治化程度逐渐提高但还面临一些问题，事权与支出责任划分的法律基础比较薄弱，宪法仅规定中央和地方国家机构职权的划分，遵循在中央的统一领导下，充分发挥地方主动性、积极性的原则，但是事实上，地方上级政府惯于通过行政命令的方式管控下级政府，约束下级政府按上级偏好履行事权，讨价还价、互相博弈的现象尤为常见，缺乏必要的法律权威和约束力。因此，事权层层下移，而财权却层层上移且没有相应完善的转移支付制度导致基层政府承担了大量的教育事权却没有相应的财力作保障，最终出现越到基层，教育支出就越紧张的情况，这势必会影响到地方基层教育事业的发展，同时影响地方教育代际流动性的改善。

5.2　我国公共教育支出存在的问题

我国教育总经费的来源主要包括国家财政性教育经费、民办学校中举办者投入、捐赠收入、事业收入和其他教育经费等几个部分。表5-4给出了我国从1998年到2022年教育经费的来源构成以及各个组成部分所占的比例，从表中可以看出，国家财政性教育经费在我国教育经费中占有的比例最大，而且近年来，该比例有不断上升的趋势，1998年，国家财政性教育经费占全国总经费的比例在69%左右，到2008年，这一比例超过70%，在2012年该比例首次超过80%，并在之后的年份中始终保持在80%左右。而在国家财政性教育经费内部，一般公共预算教育经费占主体，以2017年为例，一般公共预算教育经费占国家财政性教育经费的比例高达87.5%。一般公共预算教育经费是政府一般公共预算中用于教育的全部支出，是衡量公共教育投入的小口径。除了一般公共预算安排的教育经费之外，国家财政性教育经费还包括包括政府性基金预算安排的教育经费、企业办学中的企业拨款、校办产业和社会服务收入用于教育的经费等几个部分。

表5-4　　1998—2022年中国历年教育经费构成及其占比

年份	全国教育经费构成（%）						
	国家财政性教育经费（%）		民办学校中举办者投入（%）	捐赠收入（%）	事业收入（%）		其他教育经费（%）
		一般公共预算教育经费（%）				学费（%）	
1998	68.92	56.09	1.63	4.81	20.66	12.54	3.99
1999	68.29	57.07	1.88	3.76	22.39	13.84	3.68
2000	66.58	56.94	2.23	2.96	24.38	15.45	3.86
2001	65.92	58.34	2.76	2.43	24.96	16.08	3.93
2002	63.71	59.40	3.15	2.32	26.66	16.84	4.16
2003	62.02	58.29	4.17	1.68	27.73	18.06	4.38
2004	61.66	58.60	4.80	1.29	27.77	18.59	4.47
2005	61.30	58.75	5.37	1.11	27.79	18.45	4.42
2006	64.68	62.51	5.59	0.92	24.53	15.82	4.29
2007	68.16	66.63	0.67	0.77	26.15	17.54	4.25
2008	72.06	70.43	0.48	0.71	23.22	16.20	3.53
2009	74.12	72.56	0.45	0.76	21.38	15.24	3.29
2010	74.99	72.41	0.54	0.55	20.99	15.42	2.93
2011	77.87	74.66	0.47	0.47	18.54	13.90	2.66
2012	80.78	70.89	0.45	0.33	16.12	12.23	2.32
2013	80.65	70.50	0.49	0.28	16.22	12.31	2.36
2014	80.53	68.82	0.40	0.24	16.54	12.35	2.28
2015	80.88	71.58	0.52	0.24	16.08	11.95	2.28
2016	80.73	71.23	0.52	0.21	16.14	12.27	2.39
2017	80.37	70.30	0.53	0.20	16.35	12.44	2.55
2018	80.18	69.33	0.52	0.20	16.77	12.78	2.33
2019	79.81	69.05	0.44	0.20	17.39	13.33	2.17
2020	80.91	68.47	0.43	0.22	16.41	12.75	2.03
2021	79.20	64.73	0.42	0.25	18.07	14.05	2.07
2022	79.04	64.01	0.31	0.25	17.66		2.74

资料来源：《中国教育经费统计年鉴（1998—2022）》。

近年来政府不断加大教育投入。一是在义务教育方面，中央政府从2006年开始建立农村义务教育经费保障机制，利用4年的时间逐步将农村义务教育全部纳入中央和地方财政预算，还包括建立一系列由中央和地方政府分项目按比例承担教育成本的制度措施，全面保障农村教育的发展。免除学杂费、免费提供教科书、对住在学校宿舍的家庭经济困难学生给予生活补助、提高公用经费保障水平、建立农村中小学校舍维修改造的资金资助机制，这些都是为改善农村义务教育不公平所采取的措施。二是为巩固义务教育，促进义务教育均衡发展，改善贫困地区义务教育阶段学生营养状况和身体素质，中央财政于2010年开始实施农村义务教育薄弱学校改造计划并于2011年实施义务教育营养改善计划。2010年到2015年，集中力量解决义务教育发展的薄弱环节和突出问题。中央财政重点支持中西部地区农村义务教育，按照国家基本标准为农村薄弱学校配备教材、教学仪器和实验设备，为困难地区农村义务教育阶段学生提供膳食补助。截至2013年底，中央财政已投入校舍改造资金399亿元，仪器设备资金219亿元，膳食补助资金300.3亿元。三是将普通高中家庭经济困难学生纳入政府助学计划。另外，在高等教育方面，中央财政设立"中央财政专项资金"用以支持地方高校的发展，这是由最初的"中央和地方政府专项资金共建高等学校"来支持当地大学的发展重点和特点转变而来的。中央财政还建立了"以奖代补"机制，帮助地方政府提高对地方高校本科生的生均经费补助水平，减轻地方高校债务负担。

上述做法取得了重大的成效：全国1.3亿名农村义务教育学生被免除学杂费，免费获得教科书。在中西部地区，约1 228万名农村义务教育家庭经济困难的学生获得了学校宿舍补助。2 900多万名城镇义务教育学生被免除学杂费。超过3 700万名学生受益于营养补助计划。地方高校的财政资源大幅增加，在资金使用上享有充分的自主权。我国已建成世界上规模最大的教育体系，各级教育普及程度达到或超过中高收入国家平均水平。

由此可见，中国在改善教育，尤其是农村义务教育方面作出了很多努力，也取得了很大的成就，但是不可否认的是，现阶段中国公共教育支出还存在一些问题。这些问题的存在阻碍了我国教育代际流动性的进一步提高和地区代际流动性差异的进一步缩小。

5.2.1 缺乏较为科学的、稳健的教育财政投入增长机制

缺乏较为科学的、稳健的教育财政投入增长机制主要表现在三个方面：一是我国教育财政支出的增长速度较为缓慢；二是教育财政支出占 GDP 的比重还有待提高；三是教育财政支出占财政总支出的比重有下降的趋势。表 5-5 给出了 1991—2022 年我国教育财政支出的绝对数额及占财政总支出和 GDP 的比重。

表 5-5　　　1991—2022 年我国教育财政支出的绝对数额
及占财政总支出和 GDP 的比重

年份	财政性教育经费（亿元）	教育财政支出占财政总支出的比重（％）	教育财政支出占 GDP 的比重（％）
1991	618	18.24	2.81
1992	729	19.47	2.68
1993	868	18.69	2.43
1994	1 175	20.28	2.42
1995	1 412	20.69	2.30
1996	1 627	21.06	2.33
1997	1 863	20.17	2.34
1998	2 031	18.82	2.39
1999	2 287	17.34	2.53

年份	财政性教育经费（亿元）	教育财政支出占财政总支出的比重（%）	教育财政支出占GDP的比重（%）
2000	2 563	16.13	2.56
2001	3 057	16.17	2.76
2002	3 491	15.83	2.87
2003	3 851	15.62	2.80
2004	4 466	15.68	2.76
2005	5 165	15.21	2.76
2006	6 348	15.70	2.89
2007	8 280	16.63	3.06
2008	10 450	16.69	3.27
2009	12 231	16.03	3.50
2010	14 670	16.32	3.55
2011	18 587	17.01	3.80
2012	23 148	18.38	4.28
2013	24 488	17.47	4.11
2014	26 421	17.41	4.10
2015	29 221	16.61	4.24
2016	31 396	16.72	4.22
2017	34 208	16.84	4.14
2018	36 996	16.75	4.11
2019	40 047	16.77	4.04
2020	42 908	17.47	4.22
2021	45 835	18.66	4.01
2022	48 473	18.60	4.01

资料来源：根据《中国统计年鉴（1992—2022）》和《中国教育经费统计年鉴（1992—2022）》整理。

从数据上看，以2017年为例，当年我国教育财政支出达到34 208亿元，教育财政支出占财政总支出的比重是16.84%，占GDP的比重是4.14%。从趋势上看，我国教育财政支出的绝对数额是逐年增加的，全国教育财政支出从1991年的618亿元增加到2017年的34 208亿元，年均增加1 970亿元。教育支出占国内生产总值的比重也在逐年提高，特别是1993年，中国政府提出教育财政支出达到国内生产总值GDP的4%之后，教育财政支出在GDP中所占的比重逐年增加，从1993年的2.43%上升到2011年的3.80%，这一数字在2012年达到了GDP的4.28%。2012—2017年，全国教育财政支出占国内生产总值的比重分别为4.28%、4.11%、4.10%、4.24%、4.22%和4.14%。2012年以后，全国教育财政支出占GDP的比重稳定在4%左右，没有出现较大的增长，反而有微弱下降的趋势，2022年，全国教育财政支出占GDP的比重为4.01%。而教育财政支出占财政总支出的比重出现了一些波动。总体来说，教育财政支出占财政总支出的比重有下降的趋势，尤其是2012达到近十年来的最高值18.38%，在随后的几年，该比重一直处于下降态势，2017年降到了16.84%；直到2020年才开始有所增长。

尽管教育财政支出的绝对值逐年大幅增长并产生了积极影响，但其增长率远低于GDP和财政支出的增长率。另外，按照教育投入占国内生产总值的比重来衡量教育投入的国际标准，教育财政支出占国内生产总值的4%正好相当于20世纪80年代发展中国家的平均水平。表5-6给出了2012—2022年世界上其他主要国家公共教育支出占GDP的比重，部分国家数值不全。从表5-6中可以看出，除日本以外，近几年来，诸多国家公共教育支出占GDP的比重均在4%以上。从整体来看，瑞典、丹麦等欧洲高福利国家的公共教育支出占GDP的比重最高，都在7%以上；发达国家，例如美国、英国、澳大利亚等国家公共教育支出占 GDP 的比重达到了 5% 甚至 5.5% 左右；部分发展中国家，例如阿根廷和马来西亚等国家公共教育支出占 GDP 的比重也达到了 5% 左右。以 2016 年为例，在所列示的国家中，公共教育支出占 GDP 的比重最高的国家是瑞典，该比重高达 7.62%。2016 年，欧盟各国公共教育支出占 GDP 的比重平均为 4.8%，经济合作与发展组织（OECD）国家公共教育支出占 GDP 的比重平均更是高达 5.11%；然而也是在这一年，世界各国公共教育支出占 GDP 的比重平均水平仅为 4.49%。由此可见，中国公共教育水平尚未达到世界平均水平，与其他国家相比，中国公共教育支出占 GDP 的比重仍然是比较低的。

表 5-6　　　2012—2022 年世界上其他主要国家公共

教育支出占 GDP 的比重　　　　　　单位：%

国家	2012	2013	2014	2015	2016	2017	2018	2019	2020	2021	2022
阿根廷	5.35	5.44	5.36	5.78	5.55	5.45	4.88	4.78	5.28	4.65	
澳大利亚	4.87	5.23	5.16	5.32	5.29	5.14	5.12	5.13	5.61	5.73	5.21
奥地利	5.48	5.55	5.45	5.46	5.48	5.37	5.23	5.22	5.57	4.96	4.77
比利时	6.26	6.63	6.59	6.45	6.46	6.43	6.38	6.33	6.81	6.21	
加拿大	4.69	4.59	4.84	4.74	4.82	4.96	4.89	4.77	4.89	4.59	4.14
瑞士	4.90	4.91	4.93	5.00	4.98	5.02	4.93	5.01	5.29	5.61	
智利		4.55	4.75	4.90	5.37	5.43	5.47	5.62	5.63	4.04	
哥伦比亚	4.37	4.88	4.63	4.47	4.48	4.54	4.45	4.51	5.27	3.92	
捷克共和国	4.22	4.05	3.97	5.75	5.55	3.81	4.27	4.54	4.72	5.05	
德国	4.93	4.94	4.92	4.86	4.84	4.87	4.98	5.12	5.59	4.51	4.54
丹麦	7.24	8.49	7.63	7.10	7.69	7.12	7.30	7.26	7.39	5.93	
欧洲联盟	4.95	5.02	4.97	4.91	4.79	4.65	4.62	4.63	4.88	5.01	

国家	2012	2013	2014	2015	2016	2017	2018	2019	2020	2021	2022
芬兰	7.15	7.12	7.10	7.03	6.85	6.36	6.28	6.42	6.63	5.71	
英国	5.59	5.53	5.60	5.55	5.42	5.43	5.20	5.25	5.50	5.40	
日本	3.42	3.41	3.42	3.31	3.15	3.13	3.08	3.16	3.31	3.46	
马来西亚	5.74	5.48	5.03	4.70	4.35	4.18	4.13	3.98	4.52	4.27	
荷兰	5.41	5.53	5.46	5.35	5.48	5.18	5.36	5.16	5.42	5.05	
经合组织成员	4.95	5.13	5.05	4.97	4.87	4.96	4.93	4.99	5.34	5.05	
瑞典	7.54	7.61	7.57	7.44	7.62	7.57	7.64	7.64	7.93	6.65	
乌克兰	6.44	6.42	5.87	5.74	5.01	5.42	5.32	5.44	5.38	5.74	5.93
美国	6.25	6.21	6.10	4.95	4.81	5.12	4.93	4.99	5.44	5.59	5.44
世界	4.37	4.35	4.30	4.35	4.24	4.26	4.16	4.14	4.45	4.23	3.73

数据来源：根据世界银行数据库（https：//data.worldbank.org.cn）整理。

5.2.2　公共教育支出存在结构性失衡

1）公共教育支出规模在地区之间存在较大差异

在分析地区之间的差异时，我们主要以义务教育为例。图5-2和图5-3分别为我国部分省、自治区和直辖市（这里所涉及的全国性统计数据不包括香港特别行政区、澳门特别行政区、台湾地区，下同）生均一般公共预算教育经费支出情况。从图5-2和图5-3中，我们可以得到以下结论：

首先，普通小学生均教育支出存在差异。2021年，我国普通小学生均一般公共预算教育经费支出的平均值为12 381元。从地方政府一般公共教育预算支出的绝对值来看，北京市生均一般公共预算教育经费支出最高，为生均35 897元；最低的是河南省，生均教育经费支出为7 339元。前者是后者的5倍左右。2021年，有15个省区市的小学生均教育经费支出超过全国平均值，但是仍然有18个省区市的小学生均教育经费支出低于全国平均值。

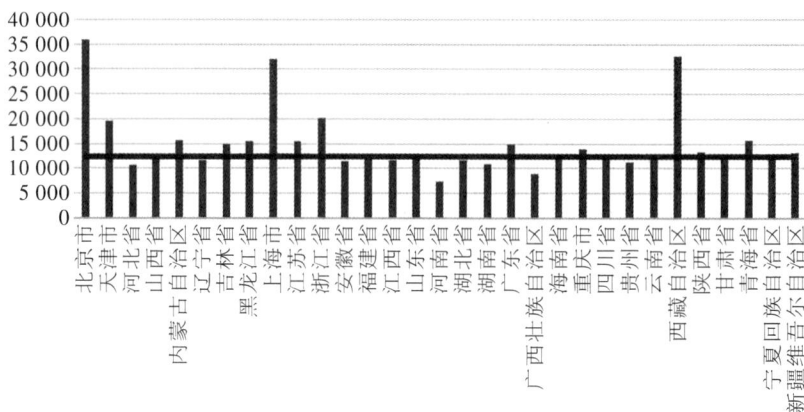

图5-2　各地区普通小学生均一般公共预算教育经费支出情况（单位：元）

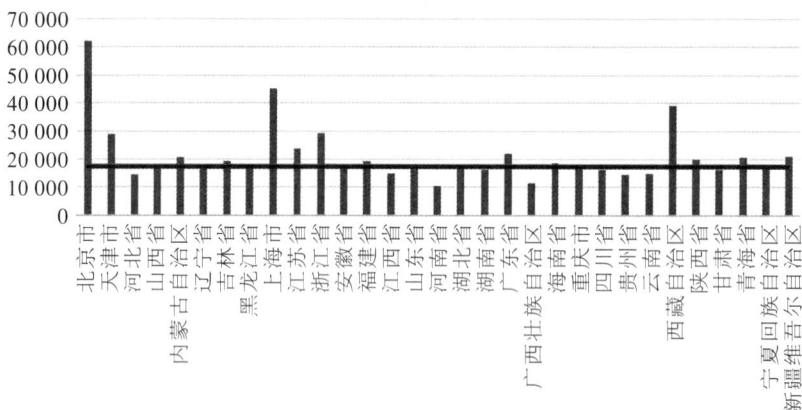

图5-3　各地区普通初中生均一般公共预算教育经费支出情况（单位：元）

资料来源：根据《中国教育经费统计年鉴（2022）》整理。

其次，初中生均教育经费支出存在差异。2021年，我国初中生均一般公共预算教育经费支出的平均值为17 772元。从地方政府一般公共教育预算支出的绝对值来看，北京市生均一般公共预算教育经费支出最高，超过6万元；河南省生均一般公共预算教育经费支出最低，刚过1万元。前者是后者的6倍以上。2021年，有15个省区市的初中生均一般公共预算教育经费支出超过全国平均值，但仍有18个省区市的初中生均一般公共预算教育经费支出低于全国平均值。

从以上分析中可以看出，公共教育支出在我国各地区之间还存在较大的差异。

2）教育财政支出在城市与乡村之间也存在较大差距

在这里，我们仍以义务教育为例。图5-4和图5-5给出了1998—2021年全国和农村普通小学生均一般公共预算公用经费以及全国和农村普通初中生均一般公共预算公用经费支出情况。从图5-4和图5-5中，我们可以得到以下结论：

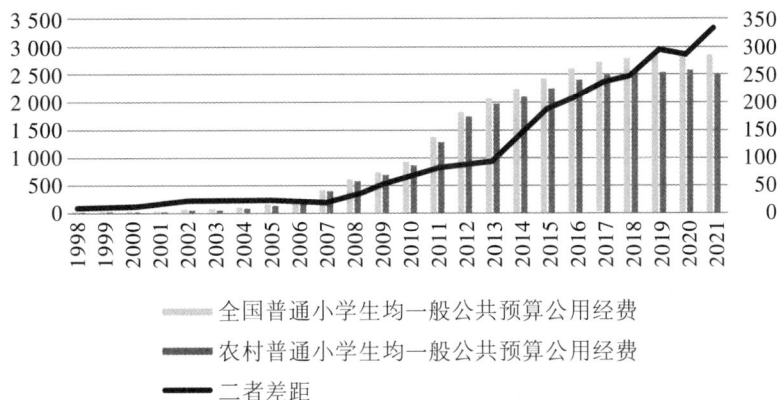

全国普通小学生均一般公共预算公用经费
农村普通小学生均一般公共预算公用经费
二者差距

图5-4 全国和农村普通小学生均一般公共预算公用经费支出情况（单位：元）

首先，全国普通小学和农村普通小学生均公共预算公用经费的差距在逐渐扩大。虽然全国普通小学和农村普通小学生均一般公共预算公用经费都在逐年增长，但是二者的差距在不断扩大。1998年，全国普通小学生均一般公共预算公用经费为34元，农村普通小学生均一般公共预算公用经费为23元，二者相差11元；到了2017年，全国普通小学生均一般公共预算公用经费为2 732元，农村普通小学生均一般公

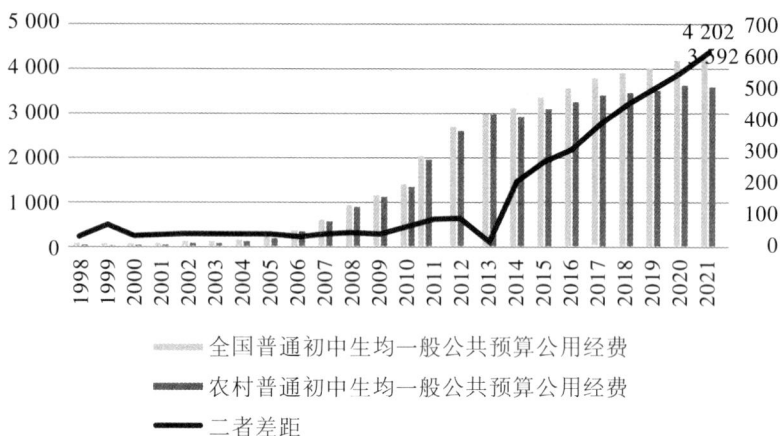

图5-5　全国和农村普通初中生均一般公共预算公用经费支出情况（单位：元）

资料来源：根据《中国教育经费统计年鉴（1999—2022）》整理。

共预算公用经费为2 496元，二者相差236元；再到2021年，全国普通小学生均一般公共预算公用经费为2 854元，农村普通小学生均一般公共预算公用经费为2 521元，二者相差333元，差距进一步扩大。

其次，全国普通初中和农村普通初中生均一般公共预算公用经费都在逐年增长。二者的差距最初比较平稳，2013年二者差距骤然缩小，随后的几年二者的差距又逐渐扩大。1998年，全国普通初中生均一般公共预算公用经费为80元，农村普通初中生均一般公共预算公用经费为47元，二者相差33元；到了2013年，全国普通初中生均一般公共预算公用经费为2 984元，农村普通初中生均一般公共预算公用经费为2 968元，二者仅相差16元。但是2013年以后，二者的差距逐渐扩大，2017年，全国普通初中生均一般公共预算公用经费和农村普通初中生均一般公共预算公用经费相差386元，2021年二者相差610元。由此可见，教育财政支出在城市和乡村之间的不平等问题还未能彻底解决。

3) 不同教育阶段之间的教育财政支出也存在差距

首先，在三级教育财政支出中，基础教育支出所占比重过小。如图5-6所示，2008—2017年，高等教育支出占总支出的比重在21%左右，中等教育支出占总支出的比重在31%左右，初等教育支出占总支出的比重在32%左右。可以看出，初等、中等和高等教育财政支出的比重相对稳定。一般而言，教育财政支出在各级教育之间的分配应该是随着经济社会发展水平的变化而不断调整的。在经济社会发展的初级阶段，教育财政支出的结构应该呈现金字塔形，初等教育的支出比重大于中等教育的支出比重，中等教育的支出比重大于高等教育的支出比重；随着经济社会的不断发展，初等教育的支出比重逐渐下降，中等教育和高等教育的支出比重逐渐上升；随着经济社会发展水平的进一步提高，高等教育的支出比重进一步增加，乃至超过中等教育和初等教育的支出比重。因此，各级教育财政支出的结构理应随着经济社会发展水平的变化而处于变动之中，就目前而言，我国还处于经济社会发展的初级阶段，初等教育支出在各教育阶段支出中占的比重应该是最高的。此外，既有研究也表明，初等、中等和高等教育支出的收益率是逐渐递减的，也就是说，同样的投入，初等教育的收益率大于中等教育的收益率，中等教育的收益率又大于高等教育的收益率。尹栾玉和王磊（2010）经统计得出了初等教育、中等教育和高等教育的世界平均社会收益水平，分别是20%、13.5%以及10.7%。我国是世界上最大的发展中国家，基础教育的高收益性理应使政府在分配各阶段教育支出时优先考虑投资基础教育，但是，与其他发达国家相比，我国教育财政支出更重视高等教育，对基础教育的投资明显过少。根据白彦锋和俞惠（2013）的研究结果，如果将三级教育支出的比例稍作调整，使得这三级教育财政支出的比例之和为100%，那么，初等教育、中等教育和高等教育财政支出的比例分别为38.1%、36.9%和25%。而这一比例的国际标准为46.33%、33.18%和20.48%，由此可见，我国对于基础教育的投入过少。

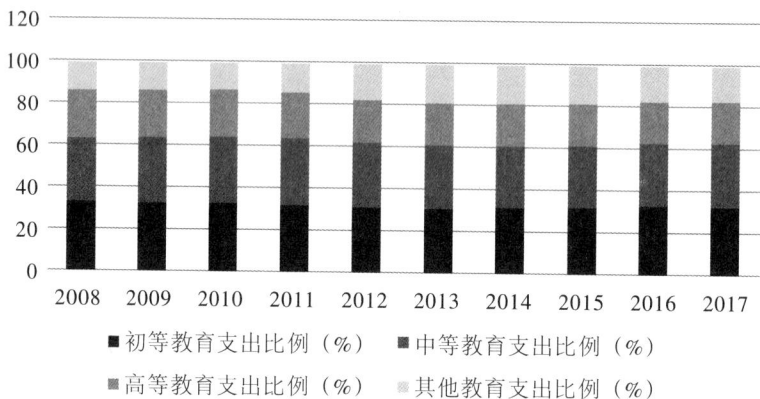

图5-6 我国不同教育阶段教育财政支出占比

资料来源：根据《中国教育经费统计年鉴》（2009—2018）整理。

其次，生均教育财政支出在不同教育阶段之间差别较大。表5-7给出了2008—2022年各级教育生均一般公共预算教育事业费支出情况。从表5-7中可以看出，我国各级教育生均一般公共预算教育事业费支出都在逐年增长，但是，各级教育生均一般公共预算教育事业费支出的差别一直存在。总体来说，普通高等学校生均一般公共预算教育事业费支出最高，接着是普通初中，然后是普通高中和中等职业学校，最后才是普通小学。根据表5-7中数据，可以计算得出，2008年，普通小学、普通初中、普通高中、中等职业学校以及普通高等学校生均一般公共预算教育事业费支出比为1∶1.28∶1.16∶1.38∶2.75；到了2022年，这一比值变为1∶1.42∶1.49∶1.37∶1.74。虽然普通小学生均一般公共预算教育事业费支出和普通高等学校生均一般公共预算教育事业费支出之间的差距在缩小，但普通小学生均一般公共预算教育事业费支出依旧是最少的。

表 5-7　　　　2008—2022 年各级教育生均一般公共

预算教育事业费支出情况　　　　　　　　单位：元

年份	普通小学	普通初中	普通高中	中等职业学校	普通高等学校
2008	2 757.53	3 543.25	3 208.84	3 811.34	7 577.71
2009	3 357.92	4 331.62	3 757.60	4 842.45	8 542.30
2010	4 012.51	5 213.91	4 509.54	4 842.45	9 589.73
2011	4 966.04	6 541.86	5 999.60	6 148.28	13 877.53
2012	6 128.99	8 137.00	7 775.94	7 563.95	16 367.21
2013	6 901.77	9 258.37	8 448.14	8 784.64	15 591.72
2014	7 681.02	10 359.33	9 024.96	9 128.83	16 102.72
2015	8 838.44	12 105.08	10 820.96	10 961.07	18 143.57
2016	9 557.89	13 415.99	12 315.21	12 227.70	18 747.65
2017	10 199.12	14 641.15	13 768.92	13 272.66	20 298.63
2018	11 328.05	16 494.37	16 446.71	16 305.94	22 245.81
2019	11 949.08	17 319.04	17 821.21	17 282.42	23 453.39
2020	12 330.58	17 803.60	18 671.83	17 446.93	22 407.39
2021	12 380.73	17 772.06	18 808.71	17 095.26	22 586.42
2022	12 791.64	18 151.98	19 117.92	17 461.54	22 205.41

数据来源：根据中华人民共和国教育部网站（http://www.moe.gov.cn/）资料整理。

再次，对学前教育的财政投入不足。学前教育是基础教育的基础，是所有教育的起点。作为基础中的基础，学前教育对于儿童在德、智、体、美等各方面的发展中起着不可替代的作用。学前教育时期是人的社会性行为、认知能力、思维能力等各项行为和能力发展的黄金时期。表5-8从我国财政性学前教育经费的相对量角度分析了

2001—2021年我国学前教育经费政府投入的规模。从表5-8中可以看出，我国财政性学前教育经费在学前教育经费中所占的比重是逐年下降的，这是我国改革学前教育财政投入体制所导致的。在学前教育经费中，政府分担的比例逐渐减小，私人分担的比例逐渐增加，从而出现了"入园难"以及"入园贵"等，问题。另外，我国财政性学前教育经费占我国GDP和国家财政性教育经费的比重逐年上升，2001—2010年上升幅度均不大，2011年之后才有了较大幅度的上升，2021年分别达到了0.24%和5.89%，表明国家对学前教育的投入力度和重视程度不断加大。相比于OECD国家而言，这些国家财政性学前教育经费占GDP的比重平均为0.5%，财政性学前教育经费占国家财政性教育经费的比重平均为8%；而我国无论是财政性学前教育经费占GDP的比重，还是财政性学前教育经费占国家财政性教育经费的比重，都小于OECD国家的平均水平。由此可见，相对而言，我国对学前教育的投入是不够的。

表5-8　　　　　　2001—2021年我国财政性学前
教育经费的相对规模分析

年份	财政性学前教育经费（亿元）	全国学前教育经费（亿元）	国家财政性教育经费（亿元）	国内生产总值GDP（亿元）	财政性学前教育经费/学前教育经费（%）	财政性学前教育经费/GDP（%）	财政性学前教育经费/国家财政性教育经费（%）
2001	36.39	60.28	3 057.01	109 655.2	60.37	0.03	1.19
2002	41.64	67.58	3 491.4	120 332.7	61.62	0.03	1.19
2003	46.24	74.26	3 850.62	135 822.8	62.27	0.03	1.20
2004	54.5	87.52	4 465.86	159 878.3	62.27	0.03	1.22
2005	65.72	104.55	5 161.08	183 084.8	62.86	0.04	1.27

年份	财政性学前教育经费（亿元）	全国学前教育经费（亿元）	国家财政性教育经费（亿元）	国内生产总值GDP（亿元）	财政性学前教育经费/学前教育经费（%）	财政性学前教育经费/GDP（%）	财政性学前教育经费/国家财政性教育经费（%）
2006	79.51	124.52	6 348.36	211 923.8	63.85	0.04	1.25
2007	102.83	157.14	8 280.21	249 530.6	65.44	0.04	1.24
2008	132.94	198.84	10 449.63	300 670.0	66.86	0.04	1.27
2009	166.27	244.79	12 231.09	340 507.0	67.92	0.05	1.36
2010	244.35	728.01	14 670.07	397 980.0	33.56	0.06	1.67
2011	415.70	1 018.58	18 586.70	471 564.0	40.81	0.09	2.24
2013	862.37	1 758.05	24 488.22	568 845.0	49.05	0.15	3.52
2014	934.05	2 048.76	26 420.58	636 463.0	45.59	0.15	3.54
2015	1 132.87	2 426.74	29 221.45	677 000.0	46.68	0.17	3.88
2016	1 326.07	2 803.35	31 396.25	744 127.0	47.30	0.18	4.22
2017	1 563.57	3 256.05	34 207.75	827 122.0	48.02	0.19	4.57
2018	1 773.94	3 672.41	36 995.77	900 309.5	48.30	0.20	4.79
2019	2 007.95	4 104.25	40 046.55	990 865.1	48.92	0.20	5.01
2020	2 533.65	4 204.63	42 908.15	1 015 986.0	60.26	0.25	5.90
2021	2 700.45	4 985.97	45 835.31	1 143 670.0	54.16	0.24	5.89

资料来源：根据《中国统计年鉴》（2002—2022）和《中国教育统计年鉴》（2002—2022）整理。

5.2.3 我国政府间教育财政事权与支出责任划分有待调整

政府事权是指政府运用财政资金提供公共服务和公共产品的职责以及分配财政资金的权利，支出责任则是指对财政资金的具体使用和分配。原则上，一级政府拥有什么样的事权，就应该承担相应的支出责任，但在实际情况中，存在一级政府将自己的事权委托给另一级政府的情况。如果在委托事权的同时对另一级政府给予相应的转移支付，那么，也就不存在事权与支出责任不匹配的情形；如果在委托事权的同时并未给予相应的转移支付，那么另一级政府就没有相应的财力提供公共产品和公共服务，就会导致事权、支出责任以及财力之间的不匹配，另一级政府也就不能提供同质同量的公共产品和公共服务。

1994年分税制改革以法规的形式规定了中央政府和地方政府的财权范围，但对政府间的事权划分只做了原则性规定。这导致许多由政府负责的公共服务提供中出现了"财权层层上移，事权层层下移"的现象，在教育产品的提供中也存在这种情况。

表5-9给出了2007—2022年中央政府和地方政府一般公共预算教育支出以及二者所占的比例。从表5-9中可以看出，虽然中央政府与地方政府一般公共预算教育支出每年都在增加，但是中央政府和地方政府一般公共预算教育支出的相对比例比较固定，中央政府一般公共预算教育支出的比例在5%到6%之间，地方政府一般公共预算教育支出的比例在94%到95%之间。以2018年为例，中央政府承担了5.38%的支出责任，而地方政府承担了94.62%的支出责任。由此可见，在教育产品的供给中，地方政府承担了绝大部分支出责任。反观事权，我国学前教育实行"地方为主、中央补助"的财政保障机制，义务教育实行"国务院领导、省级统筹、县级为主"的管理体制，高中教育实行"中央引导激励、地方为主"的体制，高等教育逐步实行中央与省（自治区、直辖市）两级管理、两级负责为主的管理体制。可见，无论是学前教育、义务教育还是高中教育和高等教育，中央政府都要承担一定的事权。马海涛和郝晓婧（2019）通过测算得出，中央政府和地方政府在教育中所承担的财政事权分担比例分别为16%

和84%。中央政府负责16%的教育财政事权，却只承担5%的支出责任；地方政府负责84%的教育财政事权，但承担95%的支出责任。事权与支出责任的不匹配也是导致教育产品供给不均衡和不充足的重要原因。

表5-9　　　2007—2022年中央政府与地方政府一般公共预算

教育支出及支出比例　　　　　　金额单位：亿元

年份	全国	中央政府	地方政府	中央政府支出比例（%）	地方政府支出比例（%）
2007	7 122.32	395.26	6 727.06	5.55	94.45
2008	9 010.21	491.63	8 518.58	5.46	94.54
2009	10 437.54	567.62	9 869.92	5.44	94.56
2010	12 550.02	720.96	11 829.06	5.74	94.26
2011	16 497.33	999.05	15 498.28	6.06	93.94
2012	21 242.10	1 101.46	20 140.64	5.19	94.81
2013	22 001.76	1 106.65	20 895.11	5.03	94.97
2014	23 041.71	1 253.62	21 788.09	5.44	94.56
2015	26 271.88	1 358.17	24 913.71	5.17	94.83
2016	28 072.78	1 447.72	26 625.06	5.16	94.84
2017	30 153.18	1 548.39	28 604.79	5.14	94.86
2018	32 169.47	1 731.23	30 438.24	5.38	94.62
2019	34 796.94	1 835.88	32 961.06	5.28	94.72
2020	36 359.94	1 673.64	34 686.3	4.60	95.40
2021	37 468.85	1 690.35	35 778.5	4.51	95.49
2022	39 447.59	1 524.26	37 923.33	3.86	96.14

资料来源：根据中经网统计数据库整理。

在实际调研①中，我们也发现了政府间教育事权和经费支出责任划分不够精准的问题。在我们所调研的城市，一些涉农市县有大量过于分散的农村小学和教学点，需要撤销或改造，以实现集约化办学。一方面，事权与支出责任划分不够合理，导致这些地方无法获得市级财政转移支付，因而面临着巨大的资金缺口；另一方面，我们所调研的城市是计划单列市，经济较为落后的市县难以享受国家"薄弱学校改善计划"，资金短缺严重影响了这些地区未来农村教育的发展。另外，各区县的教育经费高度依赖市级政府，虽然人员经费标准在各区县差别不大，但是经济发达的区县往往能获得更多的公用经费拨款，实际生均公用经费明显高于市定标准；而经济欠发达的区县只能获得市定标准的公用经费，这在一定程度上加剧了不同财力的区县之间教育经费不平衡、教育发展不均衡。

2018年，国务院办公厅印发了《关于进一步调整优化结构提高教育经费使用效益的意见》（以下简称《意见》）。《意见》中针对一般公共预算教育支出实施"两个确保"政策，即确保一般公共预算教育支出逐年只增不减，确保按在校学生人数平均的一般公共预算教育支出逐年只增不减。但是，在实际调研中，我们发现，"两个确保"政策有一定的不合理性，这个政策没有考虑教育经费的结构，在实践中执行这个政策有一定的难度。人员经费和公用经费属于刚性支出，年度之间比较稳定，而项目性经费用于基本建设及教育事业发展、教育设施设备配备等，属于资本性支出，年度之间的差异可能较大。我们所调研的城市各个区县的财力整体水平不高，实现教育经费的"两个确保"存在困难。2018年，该市一般公共预算教育支出占GDP的比重仅为1.45%。在14个区县中，只有7个区县实现了一般公共预算

---

① 为了得到真实资料，著者跟随课题组于本书写作期间对L省D市各区区县公共教育支出情况进行了调研。

教育经费的增长，只有3个区县全部实现了小学、初中、高中和中职四类学校生均经费的增长。在不增加转移支付的情况下，要求地方政府教育支出责任不断增加，这无疑给地方政府带来了更大的财政支出压力，尤其是在当前减税降费、地方政府财政收入紧张的情况下，继续增加地方政府的支出责任会进一步导致教育事权和支出责任的不匹配，从而影响地区间教育公平差距的缩小。

5.3　本章小结

公共教育支出是支持国家长远发展的基础性战略投资。对中国教育支出绩效的实证研究一致证实了教育支出的正向效应，具体表现为：第一，教育支出通过技术溢出效应和人力资本效应，显著促进了经济增长。第二，由于教育支出的累进性和低收入家庭是教育支出的主要受益者，因此，增加教育支出有助于改善收入分配，切断贫困代际传递。

本章的研究结果表明，公共教育支出对教育代际流动性有显著影响，不仅是公共教育支出的规模，公共教育支出的结构和教育事权和支出责任在各级政府间的划分都会影响教育代际流动性的大小和差异。当前我国公共教育支出还存在如下问题：一是公共教育支出的规模不足；二是公共教育支出的结构存在差异，突出表现在公共教育支出规模在地区之间存在较大差异、基础教育阶段的公共教育支出和生均公共教育支出占比较小以及学前教育财政投入偏小；三是我国教育事权与支出责任的划分不够合理，中央政府和地方政府在教育产品的提供中存在"财权层层上移，事权层层下移"的现象。如果能在上述问题上采取进一步的改进措施，那么教育代际流动性就会得到提高，这也是本书最后一章的研究内容。

6

研究结论与优化路径

6.1 研究结论

百年大计，教育为本。教育的重要性不言而喻，它可以使人们通过自身努力，提升参与平等竞争的能力，从而促进社会纵向流动，进而促进社会公平。教育机会公平具有起点公平的意义，是社会公平的重要基础。教育代际流动性在代际层面衡量了教育机会公平的程度，其对经济社会的发展具有非常重要的影响。教育阶层固化会挫伤低教育阶层的积极性，不利于人力资本的积累，阻碍国家创新能力的提升以及经济社会的发展。阶层固化还容易激化各种社会矛盾，对社会的稳定造成威胁，尤其是在中国面临跨越"中等收入陷阱"的严峻挑战下，探讨教育代际流动性问题更具现实意义。

研究中国教育代际流动性的空间特征有助于更为深刻地了解中国的教育机会公平现状，为提出有针对性的教育机会公平改革举措提供依据。以往政府和学界更多关注中国整体教育代际流动性水平及时间趋势，较少关注地区之间，尤其是城市之间教育代际流动性的差异，事实上，城市之间教育代际流动性也会存在较大差异。一方面，教育财政支出的规模和结构在各城市之间存在较大差异；另一方面，各城市之间教育政策的制定和实施更是千差万别，加之各地文化传统和发展程度都有所不同，从而使得各城市之间的教育代际流动性存在差异。但是由于数据和方法限制，很难较为真实地呈现中国城市层面教育代际流动性水平。

本书利用中国家庭追踪调查（CFPS）数据库中父代与子代的受教育水平数据来衡量父子受教育程度，进而测度每个城市父代和子代受教育水平之间的相互关系，但以往的测度方法存在较大的偏误，而且对数据和样本的敏感性比较强，无法得出较为稳定和真实的城市层面教育代际流动性水平。为了解决上述问题，本书借鉴 Chetty 等（2014）和王伟同等（2019）对代际流动性的测算方法，构造了每个城市层面的绝对教育代际流动性指标，从而考查了中国城市层面的教育代际流动性水平，展现了中国城市之间教育代际流动性水平的差异和特点，为进一步深入研究教育代际流动性的空间差异及影响提供了一定的基础。

本书致力于探究中国城市层面教育代际流动性及其影响，并且从公共教育支出的角度回答了如何提高城市之间教育代际流动性水平以及缩小城市之间教育代际流动性差异。为了解决这一问题，本书主要从以下几个方面开展研究：一是阐述了本书研究教育代际流动性及其影响和优化路径所依据的理论基础。二是从理论和实证角度对教育代际流动性的测度方法进行了比较，使用更具优势和更为科学的测算方法测度了各城市的教育代际流动性水平，并进一步比较了不同地区和城市的代际流动性差异，呈现了我国教育代际流动性的特征事实。三是在流动性理论的基础上，从居民贫富差距、居民生活幸福感和社会信任水平的角度探讨了提高教育代际流动性的重要性。四是基于公共教育支出的视角，从理论和实证两个方面研究了公共教育支出对教育代际流动性的影响，并进一步探讨了我国公共教育支出可能存在的问题，进而探寻提高我国教育代际流动性水平的路径和政策建议。

6.1.1 我国各区域、各阶层教育代际流动性存在较大差异

通过对各地区教育代际流动性水平的测算可以看出，我国各区域之间的教育代际流动性差异非常明显，总体来看，我国的教育公平程度表现出"南低北高"的趋势。分阶层看，我国各地区 25 百分位和 50 百分位阶层的绝对教育代际流动性水平均为正，75 百分位阶层的绝对教育代际流动性水平普遍为负。可以看出，我国中低阶层普遍有

向上的流动性，中高阶层却普遍面临着向下的流动性。分地区看，我国各区域之间的教育代际流动性差异非常明显，有些地区总体教育代际流动性比较强，有些地区则比较固化，具体表现出"南低北高，西低东高"的趋势。以25百分位阶层为例，在省份层面，25百分位阶层绝对教育代际流动性水平最高值为17.077，最低值仅为11.288，二者相差6个百分位；而具体到城市层面，教育代际流动性水平差异更大，25百分位阶层绝对教育代际流动性水平最低值为8.75，最高值为19.27，二者相差约11个百分位。这说明中国各城市之间25百分位群体的教育代际流动性水平存在较大差异，也在一定程度上反映了城市之间在教育机会公平方面存在较大差异。

6.1.2 教育代际流动性的提高有助于缩小贫富差距

教育代际流动性越低，我国居民的贫富差距越大。教育代际流动性每提高10个百分位，基尼系数将下降0.04个单位。我们更换了数据、样本以及贫富差距的度量指标，重新对教育代际流动性和贫富差距之间的关系进行衡量，发现结论并没有发生改变。这也证实了盖茨比曲线的存在。

6.1.3 教育代际流动性的提高有助于增强居民主观幸福感

教育代际流动性越低，居民的生活幸福感越低。教育代际流动性对居民生活幸福感的影响系数为0.014，即当绝对教育代际流动性每下降10个百分位时，居民主观幸福感下降3.684%。这一结果在多种稳健性检验下依然成立，我们使用工具变量解决内生性问题后，将系数扩大2倍，证明了基准结果的可靠性。异质性分析表明，市场化程度较低城市的居民幸福感没有受到教育代际流动性的影响，而市场化程度较高城市的居民幸福感则受到了显著影响；低学历样本的幸福感受到了教育代际流动性的显著影响，高学历样本的幸福感则没有显著变化；教育代际流动性的变化对农村居民的幸福感有显著的影响，对城镇居民的幸福感没有明显的影响。机制分析表明，贫富差距是教育代际流动性影响居民主观幸福感的重要中介。具体来说，早期教育机会不平等会在个体进入社会以后逐步发展为收入水平不平等，这种不平等会降低人们的幸福感。在一个代际流动性相对较低的环境中，个人的受教育水平以及收入水平在很大程度上取决于父代，个体自我实现的需求很难得到满足，尤其是低收入群体的经济地位无法得到改善，带来的后果是社会贫富差距进一步扩大。收入不平等的加剧，一方面使得处于这种环境中的低收入者更容易产生相对剥夺感、更强烈的压力感和无助感，另一方面使得社会阶层和社会地位的分化更为严重，这些都会使居民的主观幸福感降低。

6.1.4　教育代际流动性的提高有助于促进居民对他人的信任

教育代际流动性越低，居民对他人的信任水平越低。具体而言，教育代际流动性对社会信任的影响系数为0.04，即当绝对教育代际流动性水平降低10个百分位时，社会信任水平提高了20%左右，可见，绝对教育代际流动性对社会信任的影响比较大。这一结果在多种稳健性检验下依然成立，我们使用工具变量克服内生性问题后，证明了基准结果的可靠性。异质性分析表明，市场化程度较低城市的居民的信任水平没有受到教育代际流动性的影响，而市场化程度较高城市的居民的信任水平则受到了显著影响；男性的社会信任受到了教育代际流动性的显著影响，女性的信任水平则没有显著的变化。教育代际流动性水平的变化对拥有农业户口居民的信任水平有显著的影响，对非农业户口的居民的信任水平没有明显的影响。高学历父代的子代未受到教育代际流动性的影响，低学历父代的子代受到教育代际流动性的显著影响，而且低学历父代的高学历子代的系数是低学历父代的低学历子代的2倍，这意味着受到影响最大的是低学历父代的高学历子代。上述异质性分析的结论均符合理论分析和经济直觉，也从侧面验证了基准结果的可信性。机制分析表明，贫富差距是教育代际流动性影响居民社会信任的重要中介。

6.1.5 公共教育支出对教育代际流动性具有非常显著的正向影响

本书发现，在诸多刻画城市宏观特征的因素中，公共教育支出对教育代际流动性的影响最为显著，公共教育支出占GDP的比重越大，教育代际流动性也越强。进一步的研究结果发现，公共教育支出对教育代际流动性的影响主要表现在以下几个方面：第一，公共教育支出的规模会影响教育代际流动性的大小；第二，公共教育支出的结构会影响教育代际流动性的差异；第三，教育事权与支出责任的划分也会对教育代际流动性产生影响。通过对我国公共教育支出存在的问题进行梳理发现，和世界上一些发达国家相比，我国公共教育支出的规模还相对较小，公共教育支出占GDP的比重还未达到世界平均水平；公共教育支出的结构还不够合理，学前教育和义务教育支出占所有教育阶段支出的比重还比较小，地区之间和城乡之间公共教育支出的规模差异较大，政府间教育事权与支出责任的划分还不够合理等。

6.2 优化路径

本书实证测度了我国各地区和不同城市教育代际流动性的大小，并且考查了教育代际流动性对城市居民主观幸福感和社会信任水平的影响，具有较强的理论价值和现实意义。同时，本书分析了公共教育支出对教育代际流动性的影响以及目前我国公共教育支出存在的问题，为政府相关决策的制定提供参考。根据本书的研究结论，我们提出以下政策建议：

6.2.1　构建科学稳健的教育投入增长机制

前文已经证实，教育支出的规模是影响教育代际流动性的重要因素，提高教育代际流动性需要构建一个科学稳健的教育投入增长机制。本书认为需要从以下几个方面着手：

1）提高各级政府对教育的财政投入

优先发展教育是财政的重要职能。多年来，各级财政采取积极措施，进一步加大对教育的投入，努力扩大教育财政经费来源，促进教育改革和发展。随着我国经济发展水平的提高和财政收入的增加，用于教育的财政资金也不断增加，但是依然满足不了人们日益增长的对教育资源的多元化需求。以往父母更多注重子女英语、数学和语文这些文化课程的学习，随着时代的进步和父母文化水平的提高，现在父母不仅注重子女文化课程的学习，也非常注重子女艺术才能的培养，培养一个孩子所需的成本已经成倍增加，因此，有必要进一步增加公共教育支出的规模，从而为祖国培养出更多德、智、体、美、劳全面发展的新一代接班人。

提高教育财政投入，不仅要注重整体财政资金投入的增加，更要注重生均教育财政投入的增加。本书的实证研究结果表明，生均教育财政投入的增加会显著提高教育代际流动性，因此，政府在安排各级教育财政资金时，要根据学生的数量完善生均教育经费拨款制度，并且建立生均经费动态调整机制，将生均经费纳入年度预算，确保专款专用。

2）多渠道筹措教育经费，拓宽教育经费来源渠道

在当前减税降费、经济下滑导致财政收入减少的情况下，拓宽

教育经费来源渠道，调动各方面的积极性势在必行。对于学前教育，2010年召开的全国学前教育工作会议强调"要形成政府投入、社会举办者投入、家庭合理负担的投入机制，积极动员社会力量投资办园和捐资助园，拓宽学前教育经费来源渠道"。学前教育经费是指幼儿接受教育所花费的总费用，这些费用理应由政府、社会、家庭共同负担，这是由学前教育的属性及受益结构决定的。针对当前我国学前教育投入呈现出的"财政投入不足且不均，家庭负担较重，社会负担极少"的现象，更应该进一步加大社会力量对学前教育的支持。多渠道筹措学前教育经费需要鼓励社会力量，例如事业单位、企业组织以及集体组织等，参与到幼儿园的经费投入中。具体来说，鼓励方式有以下几种：一是对于向学前教育捐款的企业和个人给予税收优惠和所得税减免政策，优质民办幼儿园可享受一定的免税免费期等。二是采用PPP模式，将私人资金吸纳到学前教育中。例如，四川省从2015年起实施学前教育PPP项目试点，该省下拨3 000万元资金并引导民间资金2.2亿元用于普惠性民办幼儿园的开办建设。三是购买民办幼儿园的学位。上海市杨浦区政府自2009年起以"购买学位"的方式引导民办园招收地段生，根据民办园招收的地段生数量给予民办园财政补贴。对于高中教育、职业教育、高等教育等，也可以效仿学前教育，政府通过各种方式鼓励企事业单位、社会团体和个人等社会力量参与其中。例如，采取措施支持民办教育的发展，制定税收优惠政策，对于企事业单位、社会团体和个人等社会力量对教育进行的捐赠可以在税前扣除，从而引导教育捐赠事业的发展；还可以通过PPP模式和政府购买服务等吸引社会资金加入。

3）进一步健全教育经费管理制度

相比2019年，2020年全国一般公共预算收入下降5.3%，全国一般公共预算支出增加了3.8%，全国财政赤字率也由2019年的2.8%提升到了2020年的3.6%。在当前经济下滑、财力紧张的情况下，一味地增加教育财政投入却忽视教育经费的管理和使用效率并不能维持教育的可持续发展，因此应该加强对教育经费的管理，具体可以从以下几个方面着手：第一，完善支出标准制度，既要规定最低标准，也要规定最高标准。第二，完善财务管理制度，财务管理人员应树立科学的管理理念，具备专业的管理素质，使用先进的管理方式。第三，实行全方位预算公开制度，以便公众对教育经费的使用进行监督。不仅要公开财政预算和部门预算，学校预算也要同时公开。第四，构建绩效评价制度，无论是中央层面、地方层面、学校层面的教育支出，还是一般转移支付、专项转移支付，都应对其进行绩效评价，形成"花钱必问效、无效必问责"的教育资金管理理念。

6.2.2　公共教育支出向基础教育、弱势地区和群体倾斜

教育作为基本公共服务的重要组成部分，推进教育服务均等化对于促进社会公平正义、增进人民福祉、增强全体人民在共建共享发展中的获得感、实现中华民族伟大复兴的中国梦，都有十分重要的意义。针对教育代际流动性在地区之间、城乡之间和阶层之间所存在的巨大差异，本书提出以下几个方面的政策建议，以期缩小教育代际流动性差异，促进教育机会公平：

1）继续提高基础教育财政支出在所有教育支出中的比重

基础教育财政支出的投资回报率非常高，这里的基础教育既包括初等教育，还包括学前教育。既有文献也表明，教育财政支出较多的地区具有更高的教育代际流动性，与教育财政支出较少的地区相比，在教育财政支出较多的地区，中高教育水平家庭的儿童和低教育水平（父母受教育年限小于12）家庭的儿童在教育代际流动性上的差别更

小；相对于儿童晚期的教育投入，增加儿童早期的教育支出更能提高教育代际流动性（Mayer 和 Lopoo，2008）。Blankenau 和 Youderian（2014）也通过生命周期模型证实了增加儿童早期教育支出，能够促进教育代际流动性的提高；增加儿童晚期教育支出，对教育代际流动性几乎没有影响。因此，应该继续提高基础教育，尤其是学前教育财政支出的比重。

2）财政支出向弱势地区倾斜

本书的实证测度结果显示，中国地区间的教育代际流动性水平存在显著差异，这反映了地区间在教育机会公平方面存在不平衡现象。教育作为最有代表性的公共产品，政府应当为每一位居民提供大致相同的教育发展机会，在全国范围内营造公平的教育环境。这意味着政府在制定教育及相关财政政策时，应更多地考虑地区间的教育代际公平差异，更多关注教育代际流动性较低的地区，致力于推动其教育代际公平的改善。

对于教育代际流动性较为固化的南方地区和部分城市，可以出台更有针对性的政策。东南部地区经济比较发达，收入和阶层隔离比较严重，优质的教育资源逐渐被精英阶层、优秀人群所垄断。例如，上海儿童入学时的户籍制度、社保缴纳、父母学历等种种限制将弱势群体排除在优质教育资源之外，而高额的课外补习费用以及就近入学政策也将弱势群体拒之门外。教育因经济差异、户口差异和城乡差异造成了分化，作为衡量早期生活机会是否平等的一个指标，教育不公，也就意味着以后大家不可能站在同一个起跑线上，这就需要打破制度壁垒，使更多的财政资金和教育资源流向弱势群体。例如，针对入学问题，可以取消户籍限制，给予外来人口平等的入学权；针对高额的补习费用，建议把学生放学时间延后或者改为托管班，由财政资金给予补贴；针对就近入学导致的"择校热"难题，建议采用多校划片的方式，具体来说，就是一个小区可以有两个或两个以上的学校选择空间，而最终的选择结果则由电脑进行随机派位确定。和东南部地区不同，西南部地区和部分城市由于天然的地理环境比较恶劣，很难吸引办学资源以及优质的教师教学资源，仅仅依靠大学生支教并不是长久之计，这就需要采取措施，吸引并留住高水平的教师和优质的教学资源。

另外，本书的异质性分析结果显示，在市场化程度较高的地区，居民受到教育代际流动性的影响最大，因而应着力采取措施提高市场化程度比较高的地区的教育代际流动性。教育是一种准公共产品，如果主要由市场来提供，势必导致教育供给的不均衡，因此，在市场化程度比较高的地区，政府应更多介入教育领域的产品供给。

3）财政支出尽量向弱势群体倾斜

中低层群体决定了我国是否能够成功跨越"中等收入陷阱"，也决定了社会是否能够安定以及经济能否平稳发展。本书的测度结果表明，中低层群体普遍面临着向上的流动性，财政支出在这部分群体上的边际效用比其他群体更大，提高生均教育财政支出并向中低阶层家庭倾斜，能够在一定程度上削弱父代与子代之间的联系，从而减少教育代际持续性，提高教育公平程度。

本书的核心结论显示，教育代际不公平会降低居民间的社会信任水平以及居民自身的幸福感，其传导机制主要是通过居民贫富差距来实现的，由此可见，提高教育代际流动性水平不仅能改善城市整体的教育水平并缩小城市内部居民的贫富差距，还能促进社会的稳定与和谐，这为改善居民主观幸福感和优化社会信任状况提供了新的政策视角。政府若要提高居民主观幸福感，就应着重提高市场化程度较高地区居民、拥有农业户口的居民以及低学历群体的教育代际流动性水平；政府若要提高居民的社会信任水平，就应着重提高市场化程度较高地区居民、拥有农业户口的居民以及男性的教育代际流动性水平。因此，未来应更多关注城市内部的教育代际公平问题；教育及财政政策应致力于破解教育代际固化的趋势，通过精准投入和打破制度壁垒的方式，使公共教育支出更多向农村和落后地区倾斜，为农村和落后地区提供更多的优质教育资源；通过有效提升教育代际公平来实现社会信任水平的提高以及居民主观幸福感的改善。低学历父代的子代是教育代际流动性桎梏的最大受害者，这突出反映在城市低收入群体和农村群体中，未来教育政策和财政政策应致力于精准聚焦这类群体，为其子代提供更多的优质教育资源和公平的教育机会，让其有更多概率实现教育领域的代际跃升。例如，慕课的广泛应用有助于推动优质教育资源实现全国共享，有效消除了教育机会的不公平，实现了教育代际流动性的提高，进而极大地改善了居民主观幸福感和社会信任水平。

6.2.3　建立健全基于省级统筹的政府间教育财政关系

合理划分政府间教育事权与支出责任，需要打破财权和财力集中在中央、事权和支出责任却集中在基层政府的教育财政划分格局。这就需要进一步合理划分中央、省、市、县、乡镇这几级政府在教育事权中的职责承担以及相应的支出责任分担，财政部前部长楼继伟在《中国政府间财政关系再思考》一书中提出了处理政府间事权与支出责任划分所应依据的三个原则：外部性、信息处理的复杂性及激励相容，这为合理划分和界定各级政府的职能奠定了基础并指明了方向。2019年，国务院办公厅下发的《教育领域中央与地方财政事权和支出责任划分改革方案的通知》中对教育领域的事权和支出责任进行了进一步调整和划分，使得我国政府间教育事权和支出责任的划分更为合理，但还需要更具操作性和贴合实践的调整。

中央政府调控，省级政府统筹。教育是一项惠及全民的重大工程，由于我国各地区之间、城乡之间经济发展水平、教育资源分布存在较大的差异，依据正外部性原则，合理分配教育资源就需要中央政府调控全局，由中央制定公共教育支出的最低标准，出台相关的教育财政政策，并对地方政府教育事权的执行进行监督管理。由省级政府统筹就意味着省级政府要根据中央政府制定的各项政策、标准和原则制定适合本省的教育财政支出制度，切实完善省以下教育财政事权和支出责任划分，健全省对下的教育财政转移支付制度，促进教育资源在各市县的平衡。

具体提供教育的责任要根据不同的教育阶段区别对待。对于学前教育，应由县级政府承担提供教育的责任。目前我国学前教育的主要承担者是乡镇政府，虽然乡镇政府更了解本乡镇学前教育的需求情况，但乡镇政府财力有限，尤其是在当前财政压力持续加大的情况下，一些乡镇政府基本工资发放都已经出现困难，更是无暇顾及学前教育的发展。另外，县级政府比中央政府和省市级政府更了解本地区的学前教育需求情况，而且县级政府比乡镇政府的财力更强，因此学前教育的提供和供给应该由县级政府来承担。在最新的规定中，现阶段学前教育幼儿资助依然由地方负责落实幼儿资助政策并承担支出责任，这就要求地方政府有足够的财力与之相匹配，因此就需要中央政府加大对地方政府的财政转移支付力度。对于义务教育，2019年国务院办公厅下发的《教育领域中央与地方财政事权和支出责任划分改革方案的通知》中已经将义务教育规定为中央和地方共同财政事权，并且对于所需的各项经费都作出了详尽的安排，但是对于省以下各级政府义务教育事权和支出责任的划分并没有详尽规定，下一步可以考虑比照中央和地方的划分办法，将省级政府、市级政府、县级政府和乡镇政府所承担的事权和支出责任也按照发展水平的高低进行相应比例的分配；另外，可以在不改变财力分配的情况下进一步加大义务教育中央承担的部分，或者在当前事权划分下进一步加大中央对地方的转移支付。对于高等教育，应由中央和省级政府共同承担。和学前教育、义务教育以及高中教育不同，高等教育的外部性比较强，受益范围比较广。高等教育的受益对象是全国性的，如果完全交给地方政府，就会出现高等教育资源供给不足或者不均衡的现象，因而中央政府应该参与到高等教育的具体供给中并在其中起主导作用，承担主要的事权和支出责任。

此外，还要进一步完善转移支付机制。在合理划分政府间事权和支出责任的基础上，要进一步完善我国的转移支付机制。现行的教育转移支付机制主要是根据各个省份经济发展和财政收入状况分为五档①，然后分档次承担相应比例的教育经费。虽然这种情况相比于东部、中部和西部的划分方式已经更为科学，但是这种固定的分档方式还是不够合理。比较合理的做法是通过公式动态确定中央对每个省份的转移支付数额，根据各省份的经济发展水平、财政能力以及办学条件等及时作出动态调整。经济发展水平越低、人均收入越低、财政能力越弱的地方，得到的上级政府补助就越高。对于政策中的不合理规定，例如"两个确保"政策，应采取以下措施：一是确保一般公共教育支出逐年只增不减，即使学生数量减少，教育支出也不能减少；二是按在校生平均的一般公共预算生均教育支出逐年只增不减，这对地方财政来说是一个巨大的挑战。更合理的规定可能是要求人员经费和公用经费等经常性支出的总量和生均数量逐年增长，项目性经费则根据实际需求安排。当然，这相当于取

---

① 第一档包括内蒙古、广西、重庆、四川、贵州、云南、西藏、陕西、甘肃、青海、宁夏、新疆等12个省（自治区、直辖市）；第二档包括河北、山西、吉林、黑龙江、安徽、江西、河南、湖北、湖南、海南等10个省；第三档包括辽宁、福建、山东等3个省（不含计划单列市）；第四档包括天津、江苏、浙江、广东等4个省（直辖市）及大连、宁波、厦门、青岛、深圳等5个计划单列市；第五档包括北京、上海等2个直辖市。

消了当前实践中对项目性经费增长的硬性规定，可能增加学校获得所需经费的难度。因此，可以先选取试点地区试点学校实施这个政策，在实施政策的过程中对存在的问题进行调整，待成熟后再推广到全国。

6.3　研究局限与未来研究展望

本书测度了城市层面的教育代际流动性水平，呈现了我国教育代际流动性的特征事实及影响，并探讨了公共教育支出对教育代际流动性的影响，提出了提高教育代际流动性的相关政策建议。但是，不可否认，由于数据和方法所限，加上著者水平不够，本书对教育代际流动性的探讨还不够深入，研究结果还存在较大的局限性。如果能够获得每个家庭在每个教育阶段的私人支出和公共支出，或者采取更加精准的计量方法，那么，对公共教育支出如何影响教育代际流动性或许可以进行更加深入的研究，这也是我未来要努力的方向之一。

参考文献

［1］ 白彦锋，俞惠. 我国财政性三级教育支出分配结构研究［J］. 财经理论研究，2013（2）：47-54.

［2］ 萨缪尔森. 经济学［M］. 高鸿业，译.北京：商务印书馆，1981.

［3］ 贝克尔. 人力资本：特别是关于教育的理论与经验分析［M］. 梁小民，译. 北京：北京大学出版社，1987.

［4］ 才国伟，吴华强. 进取、公平与社会信任［J］. 经济管理，2016（1）：62-72.

［5］ 陈斌开，张鹏飞，杨汝岱. 政府教育投入、人力资本投资与中国城乡收入差距［J］. 管理世界，2010（1）：36-43.

［6］ 陈琳，袁志刚. 授之以鱼不如授之以渔？——财富资本、社会资本、人力资本与中国代际收入流动［J］. 复旦学报（社会科学版），2012（4）：99-113.

［7］ 陈琳. 中国代际收入流动性的实证研究：经济机制与公共政策［D］. 上海：复旦大学，2011.

［8］ 池丽萍，辛白强. 优差生亲子沟通与认知和情绪压力的关系［J］. 心理与行为研究，2010（2）：133-140.

［9］ 崔巍，陈琨. 社会信任对经济增长的影响——基于经济收敛模型的视角

[J]. 经济与管理研究，2016（8）：32-45.

[10] 段义德. 财政支出促进教育公平的作用机制分解及验证——基于 CHIP2013 数据的分析 [J]. 四川师范大学学报（社会科学版），2018（4）：94-102.

[11] 方鸣，应瑞瑶. 中国城乡居民的代际收入流动及分解 [J]. 中国人口·资源与环境，2010，20（5）：123-128.

[12] 甘建梅，陈新. 我国公共财政体制下义务教育城乡"二元"结构优化研究 [J]. 经济与社会，2016（4）：108-109.

[13] 郭丛斌，闵维方. 教育：创设合理的代际流动机制——结构方程模型在教育与代际流动关系研究中的应用 [J]. 教育研究，2009（10）：5-12.

[14] 郭丛斌，闵维方. 中国城镇居民教育与收入代际流动的关系研究 [J]. 教育研究，2007（5）：3-14.

[15] 郭宏宝. 财政视角下公共服务均等化的功效系数评价——以教育均等化为例 [J]. 财贸经济，2007.

[16] 郭晟豪. 中央政府和地方政府的教育事权与支出责任 [J]. 甘肃行政学院学报，2014（3）：96-107.

[17] 罗森，盖尔. 财政学 [M]. 10版. 北京：清华大学出版社，2015.

[18] 郝大海. 中国城市教育分层研究（1949—2003）[J]. 中国社会科学，2007（6）：94-108.

[19] 郝雨霏，陈皆明，张顺. 中国高校扩大招生规模对代际社会流动的影响 [J]. 西北大学学报（哲学社会科学版），2014（2）：122-129.

[20] 何石军，黄桂田. 中国社会的代际收入流动性趋势：2000—2009 [J]. 金融研究，2013（2）：19-32.

[21] 胡棋智，王朝明. 收入流动性与居民经济地位动态演化的实证研究 [J]. 数量经济技术经济研究，2009（3）：66-80.

[22] 胡咏梅，唐一鹏. "后4%时代"的教育经费应该投向何处？——基于跨国数据的实证研究 [J]. 北京师范大学学报（社会科学版），2014（5）：13-25.

[23] 华东师范大学教育系. 马克思恩格斯论教育 [M]. 北京: 人民教育出版社, 1986: 56.

[24] 黄健, 邓燕华. 高等教育与社会信任: 基于中英调查数据的研究 [J]. 中国社会科学, 2012 (11): 98-111.

[25] 黄玖立, 刘畅. 方言与社会信任 [J]. 财经研究, 2017 (7): 83-94.

[26] 黄少安, 姜树广. 城乡公共基础教育均等化了吗? ——对城乡基础教育财政支出和教育质量历史趋势的实证考察 [J]. 社会科学战线, 2013 (7): 80-85.

[27] 中共中央马克思恩格斯列宁斯大林著作编译局. 马克思恩格斯文集: 第5卷 [M]. 北京: 人民出版社, 2009.

[28] 贾晓俊, 岳希明, 王怡璞. 分类拨款、地方政府支出与基本公共服务均等化——兼谈我国转移支付制度改革 [J]. 财贸经济, 2015 (4): 5-16.

[29] 蒋国河, 闫广芬. 家庭资本与城乡学业成就差异——基于实证调查基础上的相关分析 [J]. 青年研究, 2006 (6): 28-34.

[30] 李春玲. "80后" 的教育经历与机会不平等——兼评《无声的革命》 [J]. 中国社会科学, 2014 (4): 66-77.

[31] 李宏彬, 孟岭生, 施新政, 等. 父母的政治资本如何影响大学生在劳动力市场中的表现? ——基于中国高校应届毕业生就业调查的经验研究 [J]. 经济学 (季刊), 2012 (3): 1011-1026.

[32] 李力行, 周广肃. 家庭借贷约束、公共教育支出与社会流动性 [J]. 经济学 (季刊), 2014 (10): 65-82.

[33] 李力行, 周广肃. 代际传递、社会流动性及其变化趋势——来自收入、职业、教育、政治身份的多角度分析 [J]. 浙江社会科学, 2014 (5): 11-22.

[34] 李俊生, 姚东旻. 财政学需要什么样的理论基础? ——兼评市场失灵理论的 "失灵" [J]. 经济研究, 2018 (9): 20-36.

[35] 李任玉, 杜在超, 何勤英, 等. 富爸爸、穷爸爸和子代收入差距 [J]. 经济学 (季刊), 2014 (4): 231-258.

[36] 李涛，黄纯纯，何兴强，等. 什么影响了居民的社会信任水平？——来自广东省的经验证据 [J]. 经济研究，2008（1）：137-152.

[37] 李祥云，雷玉琪，邹乐. 改革开放四十年我国义务教育财政公平理念与政策演变 [J]. 教育经济评论，2018（6）：31-42.

[38] 李勇辉，李小琴. 人力资本投资、劳动力迁移与代际收入流动性 [J]. 云南财经大学学报，2016（5）：39-50.

[39] 李煜. 制度变迁与教育不平等的产生机制——中国城市子女的教育获得（1966—2003）[J]. 中国社会科学，2006（4）：97-109.

[40] 李云森，齐豪. 中国农村教育的代际因果关系——基于1970年代农村基础教育普及政策的研究 [J]. 世界经济文汇，2011（4）：72-88.

[41] 李舟，周超. 对舒尔茨人力资本理论的理解与思考 [J]. 江南论坛，2019（6）：21-23.

[42] 刘畅. 我国公共教育财政支出存在的主要问题及对策 [J]. 现代教育管理，2016（9）：47-52.

[43] 刘意明. 地方财政支出责任划分与民生性公共服务供给——以教育和社会保障为例 [D]. 武汉：武汉大学，2019.

[44] 梁功平. 财政性教育经费占GDP比重的理论与实践分析 [J]. 财政研究，2013（7）：67-70.

[45] 林莞娟，张戈. 教育的代际流动：来自中国学制改革的证据 [J]. 北京师范大学学报（社会科学版），2015（2）：118-129.

[46] 刘国余，李浇. 完善我国教育财政投入的对策研究 [J]. 财政监督，2014（6）：61-63.

[47] 刘楠楠，段义德. 财政支出对教育代际流动性的影响 [J]. 财经科学，2017（9）：35-45.

[48] 刘小鸽，司海平，庞嘉伟. 地区代际流动与居民主观幸福感：基于代际教育流动性的考察 [J]. 世界经济，2018（9）：171-192.

[49] 刘志国，范亚静. 教育的代际流动性影响因素分析 [J]. 教育科学，2013，29（1）：3-7.

［50］路晓峰，邓峰，郭建如. 高等教育扩招对入学机会均等化的影响［J］. 北京大学教育评论，2016（3）：131-143.

［51］罗楚亮，刘晓霞. 教育扩张与教育的代际流动性［J］. 中国社会科学，2018（2）：121-140.

［52］马海涛，郝晓婧. 中央和地方财政事权与支出责任划分研究——以公共教育领域为例［J］. 东岳论丛，2019（3）：46-60.

［53］马瑜，王琪延. 教育对代际流动的影响效应分析［J］. 现代管理科学，2015（11）：64-66.

［54］马骍. 教育代际流动的民族差异［J］. 中南民族大学学报（人文社会科学版），2014（3）：122-127.

［55］牟欣欣. 中国公共教育支出对代际收入流动性的影响研究［D］. 沈阳：辽宁大学，2018.

［56］彭代彦，闫静. 社会信任感与生活满意度——基于世界价值观调查（WVS）中国部分数据的实证分析［J］. 当代经济研究，2014（6）：29-34.

［57］任春红. 代际阶层流动：理论范式与中国现实［J］. 中共福建省委党校学报，2017（2）：90-94.

［58］史宇鹏，李新荣. 公共资源与社会信任：以义务教育为例［J］. 经济研究，2016（5）：86-100.

［59］斯蒂格利茨，沃尔什. 经济学［M］. 张帆，黄险峰，译.3版. 北京：中国人民大学出版社，2005.

［60］宋旭光，何宗樾. 义务教育财政支出对代际收入流动性的影响［J］. 财政研究，2018（2）：64-76.

［61］孙从嘉. 以能力为测度的人力资本代际传递及其对收入流动性的影响［D］. 大连：东北财经大学，2018.

［62］孙文凯，路江涌，白重恩. 中国农村收入流动分析［J］.经济研究，2007（8）：53-66.

［63］孙永强，颜燕. 我国教育代际传递的城乡差异研究——基于中国家庭追

踪调查（CFPS）的实证分析 [J]. 北京师范大学学报（社会科学版），2015（6）：59-67.

[64] 唐俊超. 输在起跑线——再议中国社会的教育不平等（1978—2008）[J]. 社会学研究，2015（3）：123-145.

[65] 田卫东，续文辉. 社会分层研究繁杂表象的背后——对马克思主义社会分层理论的认识 [J]. 马克思主义研究，1998（5）：42-44.

[66] 万千. 教育与代际阶层流动——来自中国高校扩招的证据 [D]. 武汉：华中科技大学，2018.

[67] 王处辉，朱焱龙. 高等教育获得与代际流动：机制、变迁及现实 [J]. 中南大学学报（社会科学版），2015（2）：174-181.

[68] 王海港. 中国居民收入分配的代际流动 [J]. 经济科学，2005（2）：18-25.

[69] 汪汇，陈钊，陆铭. 户籍、社会分割与信任：来自上海的经验研究 [J]. 世界经济，2009（10）：81-96.

[70] 王美今，李仲达. 中国居民收入代际流动性测度——"二代"现象经济分析 [J]. 中山大学学报（社会科学版），2012，52（1）：172-181.

[71] 王伟同，谢佳松，张玲. 人口迁移的地区代际流动偏好：微观证据与影响机制 [J]. 管理世界，2019（7）：89-135.

[72] 王伟同，谢佳松，张玲. 中国区域与阶层代际流动水平测度及其影响因素研究 [J]，数量经济技术经济研究，2019（1）：78-95.

[73] 王善迈，王骏. 合理划分政府间教育财政事权与支出责任 [J]. 教育财会研究，2019（1）：20-22.

[74] 配第. 政治算数 [M]. 陈冬野，译. 北京：商务印书馆，1978.

[75] 吴进进. 理性化：教育水平对社会信任的发展与调节效应 [J]. 社会发展研究，2019（2）：115-134.

[76] 吴晓刚. 1990—2000年中国的经济转型、学校扩招和教育不平等 [J]. 社会，2009（5）：88-113.

[77] 吴愈晓. 中国城乡居民的教育机会不平等及其演变（1978—2008）[J].

中国社会科学，2013（3）：4-21.

[78] 习近平. 扎实推动共同富裕 [J]. 求是，2021（20）：4-8.

[79] 谢泉峰. 马克思、韦伯、涂尔干社会分层理论比较 [D]. 武汉：武汉大学，2005.

[80] 谢婷婷，司登奎. 收入流动性、代际传递与农村反贫困——异质性视角下新疆30个贫困县的实证分析 [J]. 上海财经大学学报（哲学社会科学版），2014，16（1）：62-68.

[81] 辛自强，池丽萍. 社会变迁中的青少年 [M]. 北京：北京师范大学出版社，2008.

[82] 刑春冰，李实. 扩招"大跃进"、教育机会与大学毕业生就业 [J]. 经济学（季刊），2011（4）：1187-1208.

[83] 徐丽，杨澄宇，吴丹萍. 教育投资结构对居民收入代际流动的影响分析——基于 OLG 模型的政策实验 [J]. 教育经济评论，2017（4）：36-62.

[84] 徐俊武，易祥瑞. 增加公共教育支出能够缓解"二代"现象吗？——基于 CHNS 的代际收入流动性分析 [J]. 财经研究，2014，40（11）：17-28.

[85] 薛二勇. 美国促进教育公平发展的财政政策分析——基于美国典型地区教育财政改革的政策评估研究 [J]. 比较教育研究，2014（8）：93-98.

[86] 斯密. 国民财富的性质和原因的研究 [M]. 郭大力，王亚南，译. 北京：商务印书馆，1972.

[87] 杨俊，李雪松. 教育不平等、人力资本积累与经济增长：基于中国的实证研究 [J]. 数量经济技术经济研究，2007，24（2）：37-45.

[88] 杨娟，何婷婷. 教育的代际流动性 [J]. 世界经济文汇，2015（3）：32-42.

[89] 杨娟，赖德胜，邱牧远. 如何通过教育缓解收入不平等？[J]. 经济研究，2015（9）：86-99.

[90] 杨娟，周青. 增加公共教育经费有助于改善教育的代际流动性吗？[J].

北京师范大学学报（社会科学版），2013（2）：16-17.

[91] 杨奇明，林坚. 教育扩招是否足以实现教育公平？——兼论20世纪末高等教育改革对教育公平的影响 [J]. 管理世界，2014（8）：55-67.

[92] 杨文杰，范国睿. 教育机会均等研究的问题、因素与方法：《科尔曼报告》以来相关研究的分析 [J]. 教育学报，2019（2）：115-128.

[93] 杨中超. 教育扩招促进了代际流动？[J]. 社会，2016（6）：180-208.

[94] 杨周复. 4%：教育财政体制改革40年的一个缩影 [J]. 教育财会研究，2019（1）：6-12.

[95] 姚嘉. 我国贫困阶层的收入流动性研究：动态变化与影响因素 [D]. 杭州：浙江大学，2016.

[96] 于小倩，申腾. 马克思、韦伯与布迪厄社会分层理论的比较 [J]. 法制与社会，2010（4）：173-174.

[97] 穆勒. 代议制政府 [M]. 段小平，译.北京：中国社会科学出版社，2007.

[98] 张建华，万千. 高校扩招与教育代际传递 [J]. 世界经济，2018（4）：168-192.

[99] 张家辉. 当代中国社会阶层固化研究——基于社会分层与流动理论的视角 [D]. 上海：华东政法大学，2013.

[100] 张兆曙，陈奇. 高校扩招与高等教育机会的性别平等化——基于中国综合社会调查（CGSS2008）数据的实证分析 [J]. 社会学研究，2013（2）：173-196.

[101] 赵海利，陈芳敏，周晨辉. 高等教育财政事权与支出责任的划分——来自美国的经验 [J]. 经济社会体制比较，2020（2）：31-38.

[102] 赵子祥，曹晓峰，王策. 西方社会阶层与社会流动理论研究述评 [J]. 中国社会科学，1988（6）：11-128.

[103] 郑彬博，张雷宝，曾潞潞. 我国优质高等教育机会省际不均等的成因及对策研究——基于省际面板数据的经验证据 [J]. 高等教育评论，2019（1）.

[104] 中华人民共和国教育部发展规划司. 中国教育统计年鉴2016 [M]. 北京：中国统计出版社，2017：17.

[105] 周波，苏佳. 财政教育支出与代际收入流动性 [J]. 世界经济，2012（12）：41-61.

[106] 邹薇，马占利. 家庭背景、代际传递与教育不平等 [J]. 中国工业经济，2019（2）：80-98.

[107] 朱慧劼，姚兆余. 社会信任对城市居民健康状况的影响 [J]. 城市问题，2015（9）：94-98.

[108] 左玲玲. 西方教育经济学基础理论的嬗变和演进——从人力资本理论到社会资本理论 [J]. 北京理工大学学报（社会科学版），2004（6）：6-8.

[109] 佐藤宏，李实. 中国农村地区的家庭成份、家庭文化和教育 [J]. 经济学（季刊），2008，7（3）：1105-1130.

[110] AABERGE R，BJORKLUND A，JNTTIM，et al.Income inequality and income mobility in the scandinavian countries compared to the United States [J]. Review of Income and Wealth，2002（48）：443-469.

[111] ALESINA A，FERRARA E L.Who trusts others [J]. Journal of Public Economics，2002，85（2）：207-234.

[112] ALGAN Y，CAHUC P.Inherited trust and growth [J]. American Economic Review，2010，100（5）：2060-2092.

[113] HADJAR A，SAMUELR.Does upward social mobility increase life satisfaction? a longitudinal analysis using British and Swiss panel data [J]. Research in Social Stratification and Mobility，2015（39）：58-58.

[114] ASHENFELTER O，ROUSE C .Schooling，intelligence，and income in America：cracks in the bell curve [R]. NBER Working Papers，1999.

[115] AZAM M，BHATT V.Like father，like son? intergenerational educational mobility in India [J]. Demography，2015，52（6）：1929-1959.

[116] BATOR F M.The anatomy of market failure [J]. Quarterly Journal of Economics，1958，72（3）：351-379.

［117］ BAUER P C, RIPHAHN R T. Age at school entry and intergenerational educational mobility ［J］. Economics Letters, 2009, 103（2）: 87-90.

［118］ BECKER G S, TOMES N.Human capital and the rise and fall of families ［J］ Journal of Labor Economics, 1986, 4（3）: 1-39.

［119］ BECKER G S, TOMES N.An equilibrium theory of the distribution of income and intergenerational mobility ［J］. Journal of Political Economy, 1979, 87 （6）: 1153-1189.

［120］ SCHUCK B, STRIBER N.Does intergenerational educational mobility shape the well-being of young europeans? Evidence from the european social survey ［J］. Social Indicators Research, 2018（139）: 1237-1255.

［121］ BEUGELSDIJK S, SCHAIK T. Social capital and growth in European regions: an empirical test ［J］. European Journal of Political Economy, 2004, 21 （2）: 301-324.

［122］ BJORKLUND D F, ELLIS B J. Evolutionary psychology and child development: an emerging synthesis ［J］. Evolutionary Psychology and Child Development, 2005（3）: 3-18.

［123］ BLACK S E, DEVEREUX P J. Recent developments in intergenerational mobility ［R］. NBER Working Paper, 2010.

［124］ BLANDEN J, GREGG P, MACHIN S.Intergenerational mobility in Europe and North America ［R］.Sutton Trust Report, 2005.

［125］ BLANKENAU W, YOUDERIAN X. Early childhood education expenditures and the intergenerational persistence of income ［J］. Review of Economic Dynamics, 2015, 18（2）: 334-349.

［126］ BLOSSFELD H P, SHAVIT Y.Persisting barriers: changes in educational opportunities in thirteen countries ［J］. Political and Social Sciences, 1991 （3）: 1-46.

［127］ BREEN R, GOLDTHROPE J.Explaining educational differentials: towards a formal rational action theory ［J］. Rationality and Society, 1997, 9（3）:

275-305.

[128] BOURDIEU P. The school as a conservative force: scholastic and cultural inequalities [M]. London: Methuen Publishing, 1974.

[129] BUCHMANN C, EMILY H. Education and stratification in developing countries: a review of theories and research [J]. Annual Review of Sociology, 2001 (27): 77-102.

[130] BUCHHOLZ S, HOFACKER D, MILLS M, et al. Life courses in the globalization process: The development of social inequalities in modern societies [J]. European Sociological Review, 2009, 25 (1): 53-71.

[131] CAMPOS M I, KAWACHI I.Social mobility and health in European countries: does welfare regime type matter? [J]. Social Science and Medicine, 2005 (142): 241-248.

[132] CHETTY R, HENDREN N, KLINE P, et al. Where is the land of opportunity? the geography of intergenerational mobility in the United States [J]. Quarterly Journal of Economics, 2014, 129 (4): 1553-1623.

[133] CHEVALIER A, DENNY K, MCMAHON D.Multi-country study of inter-generational educational mobility [J]. NBER Working Paper, 2003.

[134] COLEMAN J S.Social capital in the creation of human capital [J]. American Journal of Sociology, 1988, 94 (3): 95-120.

[135] CORAK M, HEISZ A.The intergenerational income mobility of Canadian men [J]. SSRN Electronic Journal, 1999 (2): 657-673.

[136] CURRIE J.Healthy, wealthy, and wise: socioeconomic status, poor health in childhood, and human capital development [J]. Journal of Economic Literature, 2009, 47 (1): 87-122.

[137] DAHL M W, DELEIRE T.The association between children's earnings and fathers' lifetime earnings: estimates using administrative data [R]. Institute for Research on Poverty Discussion Paper, 2008.

[138] DELHEY J, NEWTON K.Who trusts? the origins of social trust in seven

nations [J]. European Societies, 2003 (32): 865-912.

[139] GEAR D, SCHOKKAERT E, MARTINE Z M. Three meanings of intergenerational mobility [J]. Economica, 2001 (68): 519-537.

[140] DUNN C E.The intergenerational transmission of lifetime earnings: evidence from Brazil [J]. B E journal of Economic Analysis & Policy, 2007 (7): 17-82.

[141] ELLIS R A.LANE W C. Social mobility and social isolation: A test of Sorokin's dissociative hypothesis [J]. American Sociological Review, 1967, 32 (2), 237-253.

[142] ERIKSON R, GOLDTHROPE J H. Commonality and variation in social fluidity in industrial nations [J]. European Sociological Review, 1987, 3 (1): 54-77.

[143] FERRARA L E.Inequality and group participation: theory and evidence from rural tanzania [J]. Journal of Public Economics, 2002, 85 (2): 235-273.

[144] FEATHERMAN D L, HAUSER R M.Prestige or socioeconomic scales in the study of occupational achievement [J]. Sociological Methods and Research, 1976, 22 (4): 402-422.

[145] SEWELL, HAMILTON. Schooling and achievement in American society [M]. New York: Academic Press, 1976.

[146] FUKUYAMA F.Trust: the social virtues and the creation of prosperity [M]. New York: Free Press, 1999.

[147] GABRIELE B, FABRIZIO B, MIGUEL R, et al. Persistent inequalities? expansion of education and class inequality in Italy and Spain [J]. European Sociological Review, 2009, 25 (1): 123-138.

[148] GALOR O, TSIDDON D. Technological progress, mobility and economic growth [J]. American Economic Review, 1997, 87 (3): 363-382.

[149] GANZENOOM, HARRY B G, RUUD L, et al. Intergenerational class mobility in comparative perspective [J]. Research in Social Stratification

and Mobility, 1989 (8): 3-79.

[150] GOLDTHORPE J H. Social mobility and class structure in modern Britain [M]. Oxford: Clarendon Press, 1980.

[151] GOTTSCHALK P. Inequality, income growth, and mobility: the basic facts [J]. Journal of Economic Perspectives, 1997, 11 (2): 21-40.

[152] GOTTSCHALK P, SMEEDING T M. Cross-national comparisons of earnings and income inequality [J]. Review of Economics and Statistics, 1997, 79 (1): 10-17.

[153] GRAWE N D. Intergenerational mobility in the US and abroad: quantile and mean regression measures [D]. Colchester: University of Essex, 2001.

[154] GRAWE N D. Reconsidering the use of nonlinearities in intergenerational earnings mobility as a test for credit constraints [J]. Journal of Human Resources, 2004, 39 (5): 813-827.

[155] GRUSKY D B, HAUSER R M. Comparative social mobility revisited: models of convergence and divergence in 16 countries [J]. American Sociological Review, 1984, 49 (1): 19-38.

[156] HADJAR A, SAMUEL R. Does upward social mobility increase life satisfaction? a longitudinal analysis using British and Swiss panel data [J]. Research in Social Stratification and Mobility, 2015, 39 (2): 48-58.

[157] HARKNETT K, GARFINKEL I, BAINBRIDGE J, et al. Do public expenditures improve child outcomes in the US? A comparison across fifty states [J]. Center for Research on Child Wellbeing Working Paper, 2003.

[158] CORAK M, HEISZ A. The intergenerational earnings and income mobility of Canadian men: evidence from longitudinal income tax data [J]. Journal of Human Resources, 1999, 34 (2): 504-538.

[159] HELENA H. A researcher's guide to the Swedish compulsory school reform [R]. NBER Working Paper, 2007.

[160] HELLIWELL J F. How's life? combining individual and national variables to

explain subjective well-being [J]. Economic Modelling, 2003, 20 (2): 331-360.

[161] HEMMINGSSON T, LUNDBERG I, DIDERICHSEN F. The roles of social class of origin, achieved social class and intergenerational social mobility in explaining social class inequalities in alcoholism among young men [J]. Social Science and Medicine, 1999 (49): 1051-1059.

[162] HERTZ T, JAYASUNDERA T, PIRAINO P, et al. VERASCHAGINA A. The inheritance of educational inequality: International compasions and fifty-year trends [J]. B E Journal of Economic Analysis & Policy, 2007, 7 (2): 658-691.

[163] HERTZ T. Education, inequality and economic mobility in South Africa [D]. AMHERST: University of Massachusetts Amberst, 2001.

[164] HOLMES T H, RAHE R H. The social readjustment rating scale [J]. Journal of Psychosomatic Research, 1967, 11 (2): 213-218.

[165] HOULE J N. The psychological impact of intragenerational social class mobility [J]. Social Science Research, 2011, 40 (3): 757-772.

[166] HUANG J, BRINK H M, GROOT W. A meta analysis of the effect of education on social capital [J]. Economics of Education Review, 2009, 28 (4): 454-464.

[167] HILGER N G. The great escape: intergenerational mobility in the United States 1930—2010 [J]. Economic Journal, 2017, 5 (1): 396-422.

[168] IRENE N. Intergenerational income mobility in Singapore [J]. B E journal of Economic Analysis & Policy, 2007, 7 (2): 1713-1735.

[169] IRENE N, SHEN X, KONG W H. Intergenerational earnings mobility in Singapore and the United States [J]. Journal of Asian Economics, 2009 (20): 110-119.

[170] JACKMAN M R, JACKMAN R W. An interpretation of the relation between objective and subjective social status [J]. American Sociological Review,

1973, 38 (5), 569-582.

[171] JAN O J, COLIN M.Social class and educational attainment in historical perspective: a Swedish - English comparison (Part 1) [J]. The British Journal of Sociology, 1993, 44 (2): 213-247.

[172] JASON F, JOEL H. Intergenerational mobility in education: variation in geography and time [R]. NBER Working Paper, 2018.

[173] JANTTI K, BRATSBERG B, ROED K. American exceptionalism in a new light: a comparison of intergenerational earnings mobility in the Nordic countries, the United Kingdom and the United States [R]. IZA Discussion Paper no.1938, 2006.

[174] DAOULI J, DEMOUSSIS M, GIANNAKOPOULOS N.Mothers, fathers and daughters: Intergenerational transmission of education in Greece [J]. Economics of Education Review, 2010 (29): 83-93.

[175] JONGSUNG Y.Corruption and inequality as correlates of social trust: fairness matters more than similarity [R]. NBER Working Paper, 2005.

[176] MUSICK K, MARE R D. Recent trends in the inheritance of poverty and family structure [J]. Social Science Research, 2006 (35): 471-499.

[177] KUROKI M. Does social trust increase individual happiness in Japan [J]. Japanese Economic Review, 2011, 62 (4): 444-459.

[178] LINDSAY P, CRISTINA I. Social class and educational attainment: a comparative study of England, Wales, and Scotland [J]. Sociology of Education, 2007, 80 (4): 330-358.

[179] LUCAS S. Tracking inequality: stratification and mobility in American high school [M]. New York: Teachers College Press, 2003.

[180] LUCAS S. Effectively maintained inequality: education transitions, track mobility, and social background effects [J]. American Journal of Sociology, 2001, 106 (6): 1642-1690.

[181] LUCAS S, ROBERT E B, KERR S P.Intergenerational income immobility in

Finland: contrasting roles for parental earnings and family income [J].
Journal of Population Economics, 2013 (26): 1057-1094.

[182] MAOZ Y D, MOAV O. Intergenerational mobility and the process of
development [J]. Economic Journal, 1999, 109 (458): 677-697.

[183] MARSHALL G, FIRTH D. Social mobility and personal satisfaction:
Evidence from ten countries [J]. British Journal of Sociology, 1999 (50):
28-48.

[184] MAYER S E, LOPOO L M. Has the intergenerational transmission of economic
status changed? [J]. The Journal of Human Resources, 2005, 40 (1):
169-185.

[185] MAYER S E, LOPOO L M. Government spending and intergenerational
mobility [J]. Journal of Public Economics, 2008, 92 (1): 139-158.

[186] MARIA C A, MARIANO B, NORBERT S. Can cash transfers help
households escape an inter-generational poverty trap? [R]. NBER Working
Paper, 2016.

[187] MAZUMDER B. Earning mobility in the US: a new look at intergenerational
inequality [R]. FBR Chicago Paper, 2001.

[188] MAZUMDER B. Fortunate sons: new estimates of intergenerational mobility in
the US using social security earnings data [J]. Review of Economics and
Statistics, 2005 (87): 235-255.

[189] MAZUMDER B, LEVINE D I. Choosing the right parents: changes in the
intergenerational transmission of inequality between 1980 and the early 1990s
[R]. FBD Chicago Paper, 2002.

[190] MCLANAHAN S S, SANDEFUR G D. Growing up with a single parent: what
helps, what hurts [M]. Cambridge, MA: Harvard University Press, 1994.

[191] MICHALOS A. Multiple discrepancies theory (MDT) [J]. Social Indicators
Research, 1985, 16 (4): 347-413.

[192] COUCHA, MORAND. Inequality, mobility, and the transmission of ability

［J］．Journal of Macroeconomics，2004，26（3）：533-545.

［193］ NAPEL S，SCHNEIDER A.Intergenerational talent trasmission，inequality，and social mobility ［J］．Economics Letters，2006，99（2）：405-409.

［194］ NECKERMAN K M，TORCHE F.Inequality：causes and consequences ［J］．Annual Review of Sociology，2007，33（1）：335-357.

［195］ NIKOLAEV B，BURNS A. Intergenerationalmobility and subjective well-being—evidence from the general social survey ［J］．Journal of Behavioral and Experimental Economics，2014（53），82-96.

［196］ OSKARSSON S，DINESEN P T，DAWES C T，et al.Education and social trust：testing a causal hypothesis using the siscordant twin design ［J］．Political Psychology，2017，38（3）：515-531.

［197］ OWEN A L，WEIL D N.Intergenerational earnings mobility，inequality and growth ［J］．Journal of Monetary Economics，1998，41（1）：71-104.

［198］ PAXTON P. Social capital and democracy：an interdependent relationship ［J］．American Sociological Review，2002，67（2）：254-277.

［199］ PEKKARINEN T，UUSITALO R，KERR S. School tracking and intergenerational income mobility：evidence from the Finnish comprehensive school reform ［J］．Journal of Public Economics，2009，93（7-8）：965-973.

［200］ PIOPIUNIK M. Intergenerational transmission of education and mediating channels：evidence from a compulsory schooling reform in Germany ［J］．Scandinavian Journal of Economics，2014（116）：878-907.

［201］ PUTNAM R.Bowling alone：the collapse and revival of American community ［M］．New York：Simon and Schuster，2000.

［202］ RESTUCCIA D，URRUTIA C.Intergenerational persistence of earnings：the role of early and college education ［J］．American Economic Review，2004，63（2）：1354-1378.

［203］ BREEN R，JONSSON J O.Explaining change in social fluidity：educational equalization and educational expansion in twentieth-century Sweden [J]. American Journal of Sociology, 2007, 112 (6): 1775–1810.

[204] MILLER R. Using family histories to understand the intergenerational transmission of chronic poverty [J]. SSRN Electronic Journal, 2007 (4): 91–104.

[205] SHALEVA A E. Uncovering the impact of intergenerational income mobility on interpersonal trust [J]. IZA Journal of Labor and Development, 2015, 12 (1): 1–17.

[206] SOLON G. Intergenerational mobility in the United States [J]. American Economic Review, 1992, 82 (3): 393–408.

[207] SMITH H L, CHEUNG P. Trends in the effects of family background on educational attainment in the Philippines [J]. American Journal of Sociology, 1986, 23 (6): 1387–1408.

[208] SOLON G. Cross-country differences in intergenerational earnings mobility [J]. Journal of Economic Perspectives, 2002, 16 (3): 59–66.

[209] SOLON G. A model of intergenerational mobility variation over time and place [M] //CORAK M. Generational Income Mobility in North America and Europe, Cambridge: Cambridge University Press, 2004

[210] USLANER E. Trust, democracy and governance: can government policies influence generalized trust [M]. New York: Palgrave Macmillan, 2003.

[211] USLANER E, Brown M. Inequality, trust and civic engagement [J]. American Politics Research, 2003, 31 (3): 1–28.

[212] WERFHORST H, SALVERDA W. Consequences of economic inequality: introduction to a special issue [J]. Research in Social Stratification and Mobility, 2012, 30 (4): 377–387.

[213] WILLKINSON R, PICKETT K E. Why more equal societies almost always do better [M]. London: Allen Lane, 2009.

[214] WILLIAM M, RICHARD R. What are the origins of political trust? testing

institutional and cultural theories in post-communist societies [J].
Comparative Political Studies, 2001, 34 (1): 30-62.

[215] ZAK P, KNACK S. Trust and growth [J]. Economic Journal, 2001, 111
(470): 295-321.

[216] ZIMMERMAN D J. Regression toward mediocrity in economic stature [J].
The American Economic Review, 1992, 82 (3): 409-42.

索引

共同富裕—3，4，12-14，45，46，48，53-57，85，112，147，149

教育公平—2-6，18，38，49，58，59，129，146，177，180，188

教育代际流动—2，3，5-12，14-16，21-24，28，30，38-46，48-
54，57-59，65，71-73，77，85-88，101，102，105-116，
118，119，122-126，129-131，137-158，161，177，179-184，
186-189，192

教育财政支出—34，35，38，39，42，116，120-122，131，132，
134，149-152，157，161-163，167-170，179，186-188，190

主观幸福感—3，14-16，26-28，40，42，44-46，50，51，70，75，
113，118-121，123，125，126，128，147，149，181-183，
188，189

社会信任—3，7，8，14-16，28，29，30，40，42，44-46，48，
50，51，75，113，129-133，136-147，149，180，182，183，
188，189